汽车空心轴
径向锻造工艺开发与应用

QICHE KONGXINZHOU
JINGXIANG DUANZAO GONGYI
KAIFA YU YINGYONG

周志明
黄伟九
涂坚 | 著

U0319443

化学工业出版社
· 北京 ·

内 容 简 介

本书是作者根据多年从事径向锻造技术的科研和教学经验编写而成的，全书共分七章，前面三章分别阐述了径向锻造原理及工艺、汽车空心轴研究现状和径向锻造模拟理论基础，后面四章详细阐述了汽车空心半轴径向锻造、汽车空心转向轴径向锻造、汽车空心齿轮轴径向锻造、新能源汽车空心电机轴径向锻造等应用案例。

本书除了具有一定的理论参考价值外，同时还具有广泛的应用价值，根据径向锻造数值模拟成形工艺与物理验证，开发了系列汽车空心轴，既可作为锻造专业科技人员的参考书，也可以作为高等院校材料类及机械类专业的研究生、本科生教材或案例教学用书。

图书在版编目（CIP）数据

汽车空心轴径向锻造工艺开发与应用/周志明，黄伟九，涂坚著. —北京：化学工业出版社，2024.6
ISBN 978-7-122-45200-9

Ⅰ.①汽⋯　Ⅱ.①周⋯ ②黄⋯ ③涂⋯　Ⅲ.①汽车-空心车轴-径向锻造-研究　Ⅳ.①U463.21

中国国家版本馆 CIP 数据核字（2024）第 053086 号

责任编辑：韩庆利　　　　　　　　文字编辑：蔡晓雅
责任校对：刘　一　　　　　　　　装帧设计：刘丽华

出版发行：化学工业出版社
　　　　　（北京市东城区青年湖南街 13 号　邮政编码 100011）
印　　装：北京科印技术咨询服务有限公司数码印刷分部
787mm×1092mm　1/16　印张 11　字数 254 千字
2024 年 6 月北京第 1 版第 1 次印刷

购书咨询：010-64518888　　　　　售后服务：010-64518899
网　　址：http://www.cip.com.cn
凡购买本书，如有缺损质量问题，本社销售中心负责调换。

定　　价：79.00 元　　　　　　　版权所有　违者必究

汽车工业在许多国家都具有十分重要的地位，它的进步不仅可以促进相关配套行业的发展，还可以使更多的高新技术得到应用和实践，促进更多产业的创新发展。中国的汽车行业相对发达国家来说虽起步较晚，但是在改革开放和新时期中国国民经济飞速发展的巨大动力驱动下，已经取得了极大的发展。

放眼世界，汽车尾气污染环境问题变得日益严峻，各国都在积极转变生产生活方式以减少能源的浪费，中国更是走在世界节能减排的前列，大力倡导可持续发展的道路，并制定了相关法律法规督促和鼓励国民在各行各业中践行可持续发展。在世界各国大力倡导节能减排，以实现可持续发展的大背景下，中国的汽车行业也迎来了新的考验和使命。

有关研究数据表明：一辆汽车自重减少 10%，可降低油耗 6%～8%，若汽车的滚动阻力减小 10%，其燃油效率相应可提升 3%。这些真实而具体的数字为汽车的发展指明了一个新方向，即通过合理的设计并利用新材料新工艺来减轻汽车自重能够十分有效地减少汽车油耗及尾气的排放。目前，可以从汽车结构设计、新材料应用和制造工艺几个方面来实现汽车轻量化。值得庆幸的是随着科学技术的不断发展，新兴材料和先进的生产工艺层出不穷，它们的出现为许多行业传统而守旧的生产方式带去了新的生机和活力，汽车行业也不例外。随着汽车需求量的逐年增加以及社会对节能减排的迫切要求，如何寻求一种新的制造工艺生产出经济节能的汽车零部件成为一个难题。汽车空心轴类零件应运而生，经过漫长的改革和创新，目前一些国家的汽车空心轴类零件制造技术已十分成熟，所制造出的产品以其质量轻和高抗扭性能已经在这些国家的汽车领域得到广泛应用。一些发达国家对这类零件的应用比重达到了 10%，其中奔驰、宝马这类轿车上的许多传统零部件已经被空心轴类零件代替。在中国由于技术资源等方面的局限，汽车空心轴类零件的研发和应用还处于初级阶段，因此自主开发汽车空心轴类零件生产制造技术显得极其迫切。半轴、转向轴作为汽车转向系统中必备零部件之一，在服役过程中要求它具有一定的刚度、抗疲劳性能和吸能功能。传统的实心轴制造工艺复杂且材料利用率低，将无缝钢管通过径向锻造近净成形汽车空心轴，并利用有限元分析等方法进行数值模拟优化不仅可以提高生产效率和材料利用率，还可以进一步提高产品的精度。

全书共分为 7 章。第一～三章分别介绍了径向锻造原理及工艺、汽车空心轴研究现状和径向锻造模拟理论基础。第四～七章分别系统地介绍了汽车空心半轴、汽车空心转向轴、汽车空心齿轮轴和新能源汽车空心电机轴等径向锻造的特点、成形分析，并进行了工艺参数数值模拟优化、物理验证等。本书取材经典而新颖，内容丰富、全面，突出工艺参数数值模拟仿真，结合应用实例分析，并得到了物理验证，极富启发性和实用性。

本书由重庆理工大学周志明、黄伟九、涂坚著，黄灿、王军军、杨旭盛等参与了编写。重庆理工大学陈建伟和桑卓越等研究生参加了编写与校正工作。

本书在编写过程中得到化学工业出版社、重庆市研究生教育教学改革研究重点项目、重庆市高等教育教学改革研究项目、重庆理工大学优秀学术著作项目等支持与帮助，刘兵、罗天星、周昆凤等研究生在本书的应用案例中做了不少科研工作，在此谨致谢意。

由于编者水平有限，书中难免有不妥之处，敬请广大读者批评指正！

著　者

目录

第一章

径向锻造原理及工艺

第一节　概述

一、径向锻造原理

径向锻造是在传统的自由锻造拔长工序的基础上发展起来的。它是一种拔长类特种锻造工艺技术，专门用于轴类件的锻造。在自由锻工艺中，型砧拔长工序是利用简单通用的上下型砧（锤头）对坯料连续局部加载，在上砧提升期间，转动和送进坯料，从而通过累积轴向正应变，使坯料的横截面积逐渐减小，长度逐渐拔长。径向锻造则是利用对称设置于坯料横截面周围（如为圆坯料则为径向）的两个或两个以上的锤头，按设定程序对坯料进行快速而同步的径向锻打，在使坯料断面渐成圆形的同时，直径逐渐减小，轴向长度延伸，最后将短而粗的坯料变成细长的圆轴或截面呈多边形的坯料。与自由锻造拔长相比，径向锻造的生产率高，锻件表面质量好。图 1-1 为双锤头滚柱式径向锻造机的工作原理示意图，图 1-2 为四锤头径向精密锻机的工作原理示意图。

采用轧制、挤压、拉拔和变薄拉伸工艺同样可以达到使坯料的横截面积减小和长度增加的目的，但这些工艺方法使用的专用成形模具是封闭孔型，而径向锻造的成形模具是多个锤头。锤头和坯料可以旋转，也可以不旋转。

二、径向锻造工艺的分类

在径向锻造成形中，由于使用的工具、坯料和加载情况不同，形成了不同的工艺类别，但均为拔长型成形。划分类别有助于直观地了解径向锻造工艺，以及选择工艺与设备。

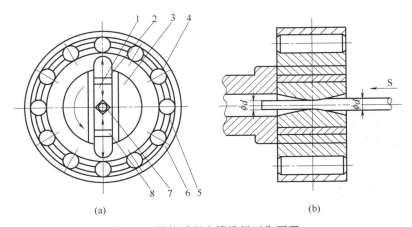

图 1-1 滚柱式径向锻造机工作原理

1—锤头；2—滑块；3—主轴；4—滚柱；5—保持架；6—机身外壳；7—锻件；8—调整垫

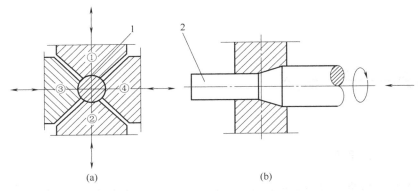

图 1-2 四锤头径向锻造机工作原理

1—锤头；2—锻件

1. 按锤头的数量划分

按径向锻机工作部分的锤头数量划分，有双锤头、三锤头及四锤头三种。其中又可分为双锤头回转式、双锤头坯料回转式、三锤头坯料回转式和四锤头非回转式等。某些专用于生产棒材的径向锻机则还有六锤头或八锤头，如图 1-3 所示。

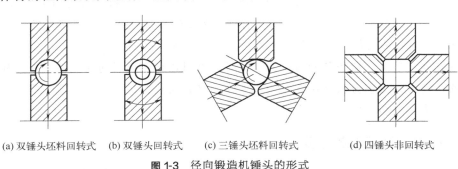

(a) 双锤头坯料回转式   (b) 双锤头回转式   (c) 三锤头坯料回转式   (d) 四锤头非回转式

图 1-3 径向锻造机锤头的形式

2. 按坯料或锤头转动方式划分

径向锻造有两种基本的锻造方法：推进式和凹进式。推进式也称为进料式锻造法，如

图 1-4 所示，原材料从模具一端进入锻造区域，锤头绕坯料发生相对旋转的同时，模具对材料做纵向反复式高频锤击，该径向锻造工艺方案较适合内孔或内花键的精密成形。使用推进式锻造的过程中，零件斜面的阻力较大，因此这种锻造方式只适合斜面角度不大于15°的工件，角度越大锻造阻力越大，成形过程中的振动就越大，越不利于尺寸精度要求较高的零件成形。

凹进式锻造原理如图 1-5 所示，原材料直接运动至模具锻造区域的预定位置，工件纵向运动停止，锤头横向做收缩运动实现高频锻打，促使材料的横向流动，成形各种高精度、多台阶外圆尺寸。此锻造方式较适合外形尺寸多变、壁厚厚薄不一致零件的加工。

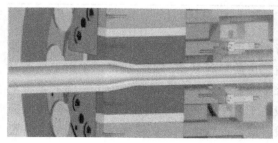 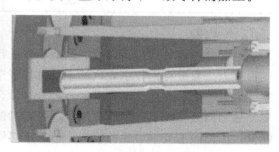

图 1-4　推进式示意图　　　　　　图 1-5　凹进式示意图

由推进式引申出来的还有反向推进式或者反向拉拔式，而由推进式与凹进式相结合的锻造方式俗称锥度锻造法，即在锤头进给实现材料的横向流动的同时，工件纵向进给实现材料的纵向流动，在指定锤头进给速度和工件进给速度的情况下，锻后可以得到固定的锥体形状。该方法一般应用于大直径厚管壁或有较大台阶差类零件的加工。

另外除了以上锻造方式外，还能通过使模具与材料处于相对静止状态，仅模具做横向进给的往返运动，成形各类异形件，如"四叶草"形、六方形等。同时还能使四个模具中的每对模具做交替的锻打，成形更为特殊形状的零件。

在径向锻造过程中，送进坯料与旋转模具接触时的摩擦使坯料除轴向运动外还伴随着绕自身轴的回转运动；锤头的连续张合使坯料与锤头之间存在着滑动，以致坯料的旋转速度比锤头的旋转速度慢很多，这个转速差使锤头每次锻打在坯料表面的不同位置上，有利于锻件的圆整度、受力均匀、金属流线的形成，从而提高了锻件性能。

3. 按锻造温度划分

按径向锻造的温度可分为冷锻、温锻和热锻三种。

（1）冷锻

冷锻又叫作冷体积成形，是一种制造工艺也是一种加工方法。与冷冲压加工工艺基本一样。冷锻工艺也是由材料、模具、设备三要素构成的。只是冲压加工中的材料主要是板材，而冷锻加工中的材料主要为圆盘或线材。冷锻是对物料再结晶温度以下的成形加工，是在回复温度以下进行的锻造。生产中习惯把不加热毛坯进行的锻造称为冷锻。冷锻材料大都是室温下变形抗力较小、塑性较好的铝及部分合金、铜及部分合金、低碳钢、中碳钢、低合金结构钢。冷锻件表面质量好，尺寸精度高，能代替一些切削加工。冷锻能使金属强化，提高零件的强度。冷锻技术成形精度比温锻和热锻都要高，在精密成形领域有着其独特的优势。在枪械制造方面，冷锻工艺的运用提高了内膛光洁度、尺寸精度、表面强度，延长了枪管的寿命，使枪的射击精度也相应提高，而且便于加工锥形枪管，可以减轻质量。冷锻工艺是斯太尔公司最先提出的，后来世界上很多国家都采用斯太尔公司的冷锻机床加工枪管。表 1-1 为不同金属的最低再结晶温度。

▣ 表 1-1　不同金属的最低再结晶温度

金属	最低再结晶温度/℃	金属	最低再结晶温度/℃
铁（Fe）	360～450	锡（Sn）	0
铜（Cu）	200～270	铅（Pb）	0
铝（Al）	100～150	钨（W）	1200

（2）温锻

温锻是将模具加热至金属的锻造温度进行的模锻，可充分利用金属加热后的优良塑性变形抗力。温锻可用较小吨位的设备进行锻造，可使形状复杂的工件成形，多用于模锻时难变形的、变形温度范围狭窄的铝合金、钛合金及其他高温合金锻件的加工。温锻是将金属加热到回复温度或再结晶温度附近进行的锻造工艺。温锻变形时加工硬化有不同程度的降低，因而锻造变形力比冷锻低，但大于热锻。锻件的精度、表面粗糙度、表面氧化、脱碳程度和力学性能优于热锻件，与冷锻件相近。还可锻造冷加工难以成形的高碳钢与高合金钢材料。一般而言，对于形状不太复杂的低碳钢、低合金钢等小型精密模锻件，采用冷锻工艺就可以成形；对于形状复杂的中小型中碳钢精密模锻件，冷锻方法难以解决其成形问题，或单纯采用冷锻工艺成本偏高，则可采用温锻成形。

对于钢质锻件，温锻指在结晶温度以下且高于常温的锻造。采用温锻工艺的目的是获得精密锻件，温锻的优点在于可以提高锻件的精度和质量，同时又没有冷锻那样大的成形力。温锻工艺的应用与锻件材料、锻件大小、锻件复杂程度有密切的关系。

选择温锻温度时，一般应考虑以下影响因素：

① 温度对材料流动应力和塑性的影响。一般都选择材料流动应力较小时的温度或者越过较大流动应力的温度。对有蓝脆温度区的金属，选择温锻温度应避免该温度范围。

② 钢的强烈氧化问题。一般钢在高于 800℃ 以上氧化现象加剧，因此温锻温度应低于 800℃，可以采用快速加热或者毛坯表面涂固体润滑剂等有助于防止毛坯加热时氧化的方法。

③ 温锻温度对产品性能的影响。随温锻温度的增加，产品的韧性和塑性增加，而强度下降。而在一定的温度下，随着变形程度的增加，产品的强度增加而塑性降低。在 200～400℃ 时，温挤压产品的力学性能与同等变形程度时的冷挤压产品相近；而在 400～800℃ 时，温挤压产品的力学性能为退火产品的 1.1～1.5 倍。

（3）热锻

在金属再结晶温度以上进行的锻造工艺称为热锻。热锻又称热模锻，锻造时变形金属流动剧烈，锻件与模具接触时间较长，因此要求模具材料具有高的热稳定性、高温强度和硬度、冲击韧性、耐热疲劳性和耐磨性且便于加工。较轻工作负荷的热锻模可用低合金钢来制造。

热锻是在一定的温度范围内进行的。钢的锻造温度范围是指开始锻造温度（始锻温度）与结束锻造温度（终锻温度）之间的一段温度区间。确定锻造温度范围的基本原则是：保证钢有较高的塑性，较低的变形抗力，得到高质量锻件，同时锻造温度范围尽可能宽广些，以便减少加热火次，提高锻造生产率。确定锻造温度范围的基本方法是：以钢的平衡图为基础，再参考钢的塑性图、抗力图和再结晶图，由塑性、质量和变形抗力三方面加以综合分析，从而定出始锻温度和终锻温度。一般，碳钢的锻造温度范围根据铁-碳平衡图便可直接确定。对于多数合金结构钢，锻造温度范围可以参照含碳量相同的碳钢。但对塑性较低的高合金钢，以及不发生相变的钢种（如奥氏体钢，纯铁体钢），则必须通过试验，才能得出合理的锻造温度范围。确定钢的始锻温度，首先必须保证钢无过烧现象。因此对碳钢来讲，始锻温度应低于铁-碳平衡图的始熔线 $150\sim250\,℃$，如图 1-6 所示。此外，还应考虑到毛坯组织、锻造方式和变形工艺等因素。

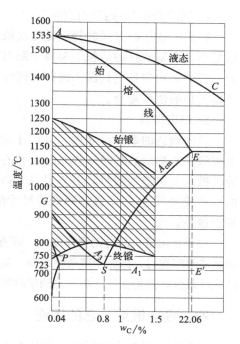

图 1-6　碳钢锻造温度范围

在确定终锻温度时，既要保证钢在终锻前具有足够的塑性，又要使锻件能够获得良好的组织性能。因此，钢的终锻温度应高于再结晶温度，以保证锻后再结晶完全，使锻件得到细晶粒组织。就碳钢而言，终锻温度不能低于铁-碳平衡图的 A_1 线，否则，塑性显著降低，变形抗力增大，加工硬化现象严重，容易产生锻造裂纹。

对于亚共析钢，终锻温度应在 A_3 线以上 $15\sim50\,℃$，因位于单相奥氏体区，组织均匀而塑性良好。但是对低碳钢（含碳量小于 0.3%），终锻温度可以降到 A_3 线以下，虽然处于（$\gamma+\alpha$）双相区，仍具有足够的塑性，变形抗力也不太高，并且还扩大了锻造温度范围。对于过共析钢，终锻温度应在 A_{cm} 线以下，A_1 线以上 $50\sim100\,℃$。这是因为，若终锻温度选在 A_{cm} 线以上，则会在锻后的冷却过程中，沿着晶界析出二次网状渗碳体，将使锻件的力学性能大为降低。如在 A_{cm} 线与 A_1 线之间锻造，由于塑性变形的机械破碎作用，可使析出的二次渗碳体呈弥散状。

三、径向锻造工艺的特点

1. 脉冲式多向锻打

径向锻造兼有脉冲加载和多向同步锻打的特点。径向锻造锤头在多个方向上锻打坯料，使金属变形处于三向压应力状态，有利于提高金属塑性，能够减小和消除坯料横截面内的径向拉应力。锤头脉冲加载的频率很高，每分钟在数百次甚至千次以上，可以有效地限制金属的横向流动，提高轴向延伸速率。由于金属具有很高的工艺塑性，所以可以实行冷锻。对于低塑性的合金，脉冲加载锻打比连续加载的锻压工艺塑性提高 $2.5\sim3$ 倍。这就拓宽了能加工的材料范围，不仅适用于一般钢材，也适于高强度低塑性的高合金钢以及一些难熔金属如钨、钼、铌等合金的锻造。

2. 压缩量小和锻打速度快

径向锻造加载方式的特点是每次锻打的压缩量小和速度快，因而金属变形区域内的变形量小，金属的移动体积小和移动距离短，从而降低金属变形时的摩擦系数，减小摩擦阻力，使变形均匀且更易深入内部。同时，由于锻件的变形抗力小，可以减小设备的吨位和提高工具的使用寿命。

3. 精密锻造

径向锻造的锻件尺寸大，且尺寸精度较高和表面粗糙度值较小。目前，国内径向锻机上可锻实心轴的直径达 $\phi400\text{mm}$，空心轴的外径达 $\phi600\text{mm}$，长度达 6000mm。在滚柱式旋转锻机上锻造的锻件，其直径从 150mm（实心件）到外径 320mm（空心件）。热锻件的尺寸精度可达 6～7 级，冷锻件尺寸精度可达 2～4 级。因此，径向锻造工艺又经常称为精密锻造。

由于径向锻机的自动化程度高，调整、上下料和锻打全过程可实现自动控制，操作简单，加之高频率锻打，因而生产效率甚高。某些产品的生产率可达 150 件/h 以上。锤头形状简单，适应性较强，需要变换产品时，调整时间极短，所以适于各种批量件的专业化生产。

四、径向锻造工艺的用途

径向锻造用途十分广泛，产品极富多样性。它已广泛地用于机床、汽车、拖拉机、机车车辆、飞机、坦克和其他机械上的实心台阶轴、锥形轴和空心轴以及兼有不同形状的特种轴类锻件的锻造。此外，还可以用于各种薄壁筒形件（如气瓶、炮弹壳、火箭喷管等）的收口、缩颈和卡肩装配，用于带来复线的枪管和炮管，深孔螺母、内花键，以及方形、矩形、六边形、八边形和十二边形等型材的锻造。在冶金企业中，径向锻造还被用于合金钢的开坯及特殊形状坯料的生产，前部工序可以与连铸衔接，后部工序也可以与小型连轧或挤压对接，组成多品种、多规格产品的"柔性"生产系统。典型的径向锻造的锻件如图 1-7 所示。

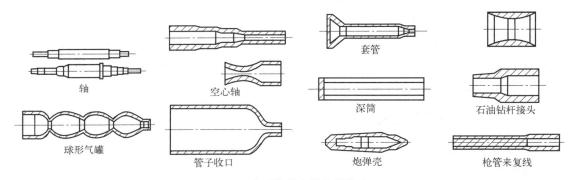

图 1-7　典型的径向锻造的锻件

径向锻造产品有几十种，其变形工艺范围一般有：等断面拔长，变断面拔长，锻锥度，锻外部台阶，缩口，锻内部台阶，锻外部异形的断面，锻内部异形的断面和锻接等，如图 1-8 所示。虽然变形范围较广，但径向锻造的基本变形形式仅有图 1-9 所示的实心轴（截面为圆形、方形或多边形的各种等截面或变截面）拔长和空心轴（内孔形状复杂或细长的空心轴）拔长两大类。

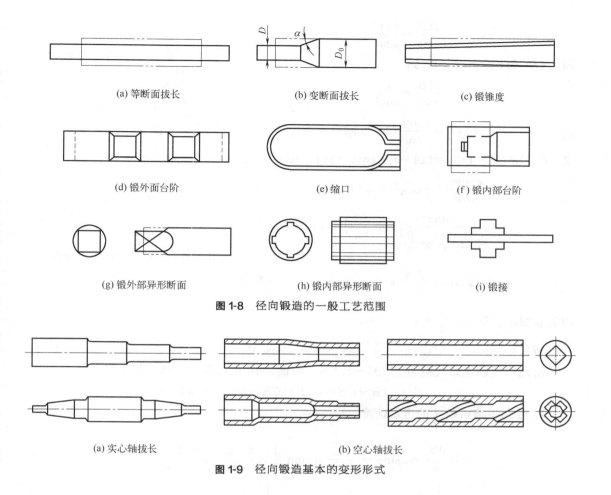

(a) 等断面拔长　　　　　　(b) 变断面拔长　　　　　　(c) 锻锥度

(d) 锻外面台阶　　　　　　(e) 缩口　　　　　　(f) 锻内部台阶

(g) 锻外部异形断面　　　　(h) 锻内部异形断面　　　　(i) 锻接

图 1-8　径向锻造的一般工艺范围

(a) 实心轴拔长　　　　　　　　　(b) 空心轴拔长

图 1-9　径向锻造基本的变形形式

第二节　径向锻造理论基础

一、径向锻造锤头运动学分析

1. 径向锻造锤头的运动方程

图 1-10 所示为某种径向锻造设备的运动原理模型。偏心轴 OA 绕 A 点以转速 n_e 旋转，偏心距 OA 等于 e，即 $OA=e$。当锤头下行到下死点时，锤头到达工件的 B' 处。令 OA 线转 α 角，则锤头相应自 B 点沿径向向工件表面后退，其行程为 S'_x。如以 B 为圆心，以 AB 为半径作弧，与 OB 交于 C_2，自 A 点作 OB 的垂线交 OB 于 C_1，则从图 1-10 可知：

$$S'_x=AB-CB=C_2B-CB=C_2C=C_1C_2+C_1C$$
$$C_2C_1=AB-AB\cos\beta=AB(1-\cos\beta)$$

根据几何关系，由正弦定理，在 $\triangle OAB$ 中：

$$\frac{AB}{\sin\alpha}=\frac{OA}{\sin\beta}$$

因为 OA 为 e，所以上式为：

$$\frac{AB}{\sin\alpha}=\frac{e}{\sin\beta}$$

所以 $\qquad C_1C_2=\frac{e\sin\alpha}{\sin\beta}(1-\cos\beta)$

又 $\quad C_1C=OC-OC_1=OA-OA\cos\alpha=e(1-\cos\alpha)$

$$S'_x=\frac{e\sin\alpha}{\sin\beta}(1-\cos\beta)+e(1-\cos\alpha)$$

$$=\frac{e\sin\alpha}{2\sin\frac{\beta}{2}\cos\frac{\beta}{2}}2\sin2\left(\frac{\beta}{2}\right)+e(1-\cos\alpha)$$

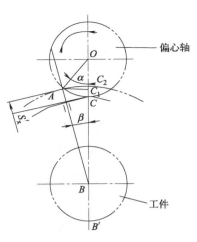

图 1-10　径向锻造锤头运动分析

$$=e\sin\alpha\tan\frac{\beta}{2}+e(1-\cos\alpha) \qquad (1\text{-}1)$$

因为 β 很小，即 $\tan\dfrac{\beta}{2}\to0$

所以 $\qquad\qquad\qquad S'_x=e(1-\cos\alpha) \qquad (1\text{-}2)$

由此产生的误差大概为 $1.3\%\sim2.1\%$。由图 1-10 也可看出，当 β 很小时：

$$S'_x=AB-CB=C_1B-CB=e(1-\cos\alpha)$$

2. 径向锻造机锤头的运动速度

$$v=\frac{\mathrm{d}S'_x}{\mathrm{d}t}=e\sin\alpha\frac{\mathrm{d}\tan\frac{\beta}{2}}{\mathrm{d}t}+e\tan\frac{\beta}{2}\times\frac{\mathrm{d}\sin\alpha}{\mathrm{d}t}+e\frac{\mathrm{d}(1-\cos\alpha)}{\mathrm{d}t}$$

$$=\frac{1}{2}e\overline{w}_\beta\sin\alpha\sec^2\frac{\beta}{2}+e\overline{w}_\alpha\tan\frac{\beta}{2}\cos\alpha+e\overline{w}_\alpha\sin\alpha \qquad (1\text{-}3)$$

当 β 很小时，有：

$$v=\frac{\mathrm{d}S'_x}{\mathrm{d}t}=e\frac{\mathrm{d}(1-\cos\alpha)}{\mathrm{d}t}=e\overline{w}_\alpha\sin\alpha \qquad (1\text{-}4)$$

3. 径向锻造机锤头的加速度

$$a=\frac{\mathrm{d}v}{\mathrm{d}t}=\frac{1}{2}e\overline{w}_\beta\frac{\mathrm{d}}{\mathrm{d}t}\left(\sin\alpha\sec^2\frac{\beta}{2}\right)+e\overline{w}_\alpha\frac{\mathrm{d}\left(\tan\frac{\beta}{2}\cos\alpha\right)}{\mathrm{d}t}+e\overline{w}_\alpha\frac{\mathrm{d}\sin\alpha}{\mathrm{d}t}$$

$$=\frac{1}{2}e\overline{w}_\alpha\sin\alpha\tan\frac{\beta}{2}+\frac{1}{2}e\overline{w}_\alpha\overline{w}_\beta\sec^2\frac{\beta}{2}+\frac{e}{2}w_\alpha\overline{w}_\beta\cos\alpha\sec^2\frac{\beta}{2}-e\overline{w}_\alpha^2\tan\frac{\beta}{2}\sin\alpha+$$
$$e\overline{w}_\alpha^2\cos\alpha \qquad (1\text{-}5)$$

当 β 很小时有：

$$a=\frac{\mathrm{d}v}{\mathrm{d}t}=e\overline{w}_\alpha\frac{\mathrm{d}\sin\alpha}{\mathrm{d}t}=e\overline{w}_\alpha^2\cos\alpha \qquad (1\text{-}6)$$

式中　$\overline{w}_\alpha$——偏心轴的角速度；

$\qquad\overline{w}_\beta$——卧式径向机偏心轴滑块的角速度。

所以
$$a = e\overline{w}_\alpha^2 \cos\alpha = e\left(\frac{\pi n_e}{30}\right)^2 \cos\alpha \tag{1-7}$$

二、径向压缩的作用关系

1. 锤头和坯料的作用关系

图 1-11（a）表示了径向锻造时坯料上的作用力，图 1-11（b）是变形体内的应力应变状态。锤头型面由整形段长度 $L_柱$ 和预变形段长度 $L_锥$ 两部分构成。假设预变形段的圆锥角为 α，坯料进口直径为 d_0，出口直径为 d，则进锤量（下压量）为 $\frac{d_0-d}{2}$，圆锥角为 $\tan\frac{\alpha}{2} = \frac{d_0-d}{2L_锥}$。

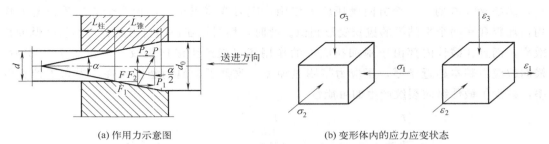

(a) 作用力示意图　　　　　　　　　　(b) 变形体内的应力应变状态

图 1-11　径向锻造的作用力分析和变形体内的应力应变状态

锻件直径缩小和长度伸长的过程是沿三个方向的变形过程，即径向变形 ε_1（坯料直径缩小），切向变形 ε_2（坯料沿剪应力方向展宽）和轴向变形 ε_3（坯料轴向伸长），它们的关系是 $\varepsilon_1 + \varepsilon_2 + \varepsilon_3 = 0$。从径向压缩力分解后的三角关系可知，锻件的缩径过程主要是径向变形 ε_1 和轴向变形 ε_3，由于锤头包角的作用，沿坯料截面切向的展宽变形 ε_2 可以忽略不计，所以实际为 $\varepsilon_1 + \varepsilon_3 = 0$，即被锤头径向压缩的金属全部约束在长度方向流动，从而获得理想的延伸变形。

总变形程度
$$\varepsilon = \frac{d_0-d}{d_0} \times 100\%$$

一次压缩时的变形程度
$$\varepsilon' = \frac{d_0-d_1}{d_0} \times 100\% \tag{1-8}$$

2. 锤头圆锥角 α 对坯料进入变形区的影响

锤头圆锥角 α 对延伸效率、夹头结构和送进机构的影响很大。由图 1-11（a）可知，当坯料由锻机夹头送进时，锤头的径向锤击在坯料预变形段 L 上产生正压力 P，设接触面上的摩擦力为 F。两力可各被分解为水平和垂直的分力：

$$P_2 = P\cos\frac{\alpha}{2} \qquad P_1 = P\sin\frac{\alpha}{2}$$

$$F_2 = F\sin\frac{\alpha}{2} \qquad F_1 = F\cos\frac{\alpha}{2}$$

式中的垂直分力 P_2 和 F_2 同向，对坯料起压缩作用。而水平分力 P_1 和 F_1 异向，当 $F_1 > P_1$ 时，坯料进入变形区的阻力减小；而且 α 越小，F_1 越大，则 P_1 越小。

根据摩擦力三角形关系，正压力 P 与摩擦力 F 之间的关系为：

$$\frac{F}{P} = \tan\frac{\alpha}{2} = \mu = \tan\beta \tag{1-9}$$

式中，μ、β 分别为接触摩擦系数和摩擦角。

当 $\alpha = 2\beta$ 时产生送进力，如 $\alpha > 2\beta$，必须用更大的送进力才能使坯料进入变形区。所以，坯料在径向锻造料预变形区锤头的夹角一般不宜超过摩擦角的两倍。

3. 锤头型面包角与应力状态的关系

在圆形坯料表面的横截面上，锤头工作面与坯料接触弧所对应的圆心角称为包角，用 γ 表示，如图 1-12 所示。包角大小和形状对于伸长率、锻透深度、金属的塑性和表面质量影响很大，在包角区内的接触面上，基本是全加载区，包角接触面上的压力限制金属的横向流动，迫使金属沿轴向伸长。图 1-12 表示了不同包角时的应力分布情况。当包角很小，例如 $\gamma \leqslant 30°$ 时，一个方向受压应力作用，应力峰值很小，其他两个方向受拉应力作用，坯料和在两个平砧下的拔长变形相似。此时，坯料可在横向自由展宽，不仅降低伸长效率，而且在锻件内部由于附加拉应力的作用还可能产生纵向裂纹。当包角 $\gamma \geqslant 90°$ 后，横向拉应力基本趋近于零，压应力带明显加宽，改善了金属的塑性条件，提高了伸长效率，减少了锻件纵向裂纹产生的可能性。

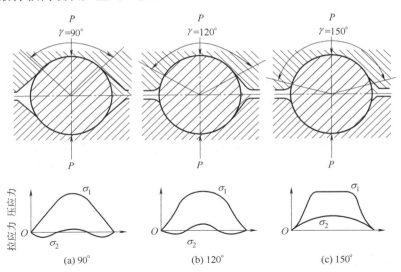

图 1-12 锤头工作面不同包角时圆形坯料的应力状态

三、变形力计算

1. 实心锻件

圆柱形实心锻件的变形力为：

$$P = dL_g\sigma_s\left(1 + \frac{2\mu}{3} \times \frac{L_g}{d}\right) \quad \text{(kN)} \tag{1-10}$$

式中　d——锻件直径，mm；

　　　L_g——变形区长度，mm，取 $L_g = d_0 + d$ 为宜；

　　　μ——接触摩擦系数，取 $\mu = 1$；

σ_s——材料在锻造温度下的屈服强度，MPa。

2. 空心锻件

空心锻件的变形力为：

$$P = 1.05 d_w L_g \sigma_s \left[1 + \mu \left(\frac{1}{T} + \frac{1}{d_w} \right) \frac{L_g}{3} \right] \quad \text{(kN)} \tag{1-11}$$

式中　d_w——锻件外径，mm；

　　　T——锻件壁厚，一般取厚的一端，mm。

其他符号意义同上。

第三节　径向锻造的工艺设计

径向锻造的工艺设计主要包括：工艺方法的选择、锻件及坯料的设计、工艺参数的确定和工艺程序的确定等。

一、工艺方法的选择

根据径向锻造的工艺分类和工艺特点，选择径向锻造工艺方法主要考虑锻件的特点、生产规模和质量要求、锻造工艺和设备等。

1. 冷锻、温锻和热锻

直径小于 60mm 的实心件可以进行冷锻，工艺过程简单，锻件表面因冷变形而强化，尺寸精度可达到 2~4 级，表面粗糙度 Ra 可达到 0.4~0.2μm，外径小于 40mm 的锻件，外径尺寸公差可达±0.1mm，内径可达±0.02mm。

温锻介于冷锻和热锻之间，通常用于中等屈服强度的材料。

热锻所需的变形功较小，坯料伸长速度快，可用于锻造尺寸较大的锻件。锻件的尺寸精度可达到 6~7 级，表面粗糙度 Ra 可达到 3.2~1.6μm。外径小于 100mm 的热锻件，外径尺寸公差可达±0.5mm，内径可达±0.1mm。热锻时锻件上的次生氧化皮不易去除，特别是芯棒锻造的锻件内表面上的氧化皮清除更加困难，容易因氧化而产生压坑。

2. 无芯棒和有芯棒空心锻造

空心坯料壁厚与直径的比值 T/d_w 较大，对锻件内孔形状和尺寸无严格要求时采用无芯棒锻造，反之，采用有芯棒锻造。

3. 逐段锻造和连续锻造

逐段锻造可以在锤头径向送进量不可调节的锻机上进行，锻机外形由锤头闭合形成的型腔保证。这种方法需要多副锤头，锻件的精度和生产效率低。

目前，广泛使用的是在锤头径向进给量和坯料轴向送进量均可调节的锻机上进行连续锻造。锻件外形尺寸由改变锤头的锻打行程（锤头进给量）和改变坯料的轴向送进量保证。这种方法适用于锻造截面尺寸较大、长度较长的多台阶锻件。

二、锻件和坯料的设计

1. 锻件形状和尺寸

根据图 1-8 所示径向锻造的基本变形工艺，锻件的外形和尺寸，如最大直径、最大长度、台阶数、相邻台阶的最小直径差和台阶最小直径和最小宽度等，都应按照径向锻造设备的技术参数确定。最小直径差还应满足锻件的锻造比要求。

采用整体芯棒的空心轴锻件，其内孔直径应设计成从头部到尾部逐渐减小并平滑过渡的圆截面。即使是直孔，也应设计成能拔出芯棒的斜度。如内孔有鼓形，应采用掉头锻造或更换芯棒锻造。

2. 径向和轴向机械加工余量

径向锻造的锻件尺寸精度较高，机械加工余量一般都留得较少。对冷锻件和温锻件，可根据产品的使用要求，只留磨削量或不留加工余量。对于热锻件应留较少的加工余量。带凹形的细长件和相邻台阶尺寸差较大的锻件，以及氧化脱碳严重的锻件，均应留有一定的加工余量。采用芯棒成形的锻件，其内径的加工余量可小些，由于坯料壁厚的不均匀性，外径的加工余量应比相同尺寸的实心件略大。表1-2、表1-3和表1-4分别列出了热锻实心轴锻件和空心轴锻件的径向加工余量和公差。

▫表1-2 实心轴锻件径向加工余量和公差   mm

锻件长度	锻件最大直径		
	<60	80～90	>90
<300	3.0 ± 0.3	$3.5^{+0.3}_{-0.4}$	$4.0^{+0.2}_{-0.5}$
300～600	3.5 ± 0.3	$4.0^{+0.3}_{-0.4}$	$4.5^{+0.3}_{-0.5}$
>600	4.0 ± 0.3	$4.5^{+0.3}_{-0.4}$	$5.0^{+0.3}_{-0.5}$

▫表1-3 空心轴锻件内径加工余量   mm

锻件长度		<500		500～800		>800	
锻件内径		<50	≥50	<50	≥50	<50	≥50
锻件壁厚	<10	2.0	2.0	2.5	3.0	3.5	4.0
	10～20	2.0	2.5	3.0	3.5	4.0	4.5
	>20	2.5	3.0	3.5	4.0	4.5	5.0

▫表1-4 空心轴锻件外径加工余量和公差   mm

锻件长度		<500		500～800		>800	
锻件外径		<80	≥80	<80	≥80	<80	≥80
锻件壁厚	<10	$4.0^{+0.3}_{-0.4}$	$4.5^{+0.3}_{-0.4}$	$4.5^{+0.4}_{-0.5}$	$5.0^{+0.4}_{-0.5}$	$5.5^{+0.5}_{-0.6}$	$6.0^{+0.5}_{-0.6}$
	10～20	$4.5^{+0.3}_{-0.4}$	$4.5^{+0.3}_{-0.4}$	$5.0^{+0.4}_{-0.5}$	$5.5^{+0.4}_{-0.5}$	$6.0^{+0.5}_{-0.6}$	$6.5^{+0.5}_{-0.6}$
	>20	$4.5^{+0.3}_{-0.4}$	$5.0^{+0.3}_{-0.4}$	$5.5^{+0.4}_{-0.5}$	$6.0^{+0.4}_{-0.5}$	$6.5^{+0.5}_{-0.6}$	$6.5^{+0.5}_{-0.6}$

轴向加工余量一般在直径较小的一段两侧各留4～6mm，其他各段在公称尺寸上加同样的余量即可。对于两侧部分经过锻造而产生棱角的台阶可少留一些余量。同时，还应考虑夹持部位、尾部缩口、工艺附加料的因素。

3. 坯料设计

（1）原材料

冷锻的材料硬度在85HRB以下方能锻打，超过103HRB后便不宜冷锻。含碳量在0.2%以下的碳钢，可进行冷锻。高碳钢在冷锻前最好经过渗碳体球化退火，未退火的也应具有细珠光体组织。适于热锻的材料非常多。

（2）坯料尺寸

一般，实心轴件的坯料直径应等于或稍大于锻件最大直径。空心件锻造时，如采用有芯棒锻造，尺寸大的坯料应选用管坯或无缝钢管。为保证芯棒能够自由进出，管坯的内径应比芯棒最大直径大 1～2mm。管坯壁厚可在锻件最大壁厚的基础上，适当考虑缩径时截面减小和壁厚略有增加的因素。若壁厚和外径尺寸允许，可选用内径较大的管坯，这样在锻打时，氧化皮能自动脱落，可得到光滑的内表面。确定坯料体积时应考虑的其他因素与一般锻造工艺相同。

（3）坯料形式

径向锻造的原材料不仅可以采用棒材、线材、管材，还可采用深拉深件、镦粗件、挤压件、车加工件、镗孔件等经过预成形的锻件及其他切削加工件。

三、工艺参数的选定

径向锻造的主要工艺参数有：变形程度，锻件转速及轴向送进量，锤头径向进给量，锤击速度和坯料的加热温度。

1. 变形程度

实际生产中应根据锻造设备允许的最大压缩量、锻件形状和尺寸、锻件材质、锻造温度和对锻件的质量要求确定每一个工步的压缩量以及工步数。变形程度大，则伸长效率高，锻透深度大，但对于低塑性材料或薄壁件可能会因剧烈的变形产生裂纹；变形程度小，生产效率低，但锻件的表面粗糙度值较小和尺寸精度较高。表 1-5 给出了不同锻件在不同锻造条件下允许的压缩变形程度。

⊡表 1-5　压缩变形程度　　　　　　　　　　　　　　　　　　　　　　　　　　　％

轴件类别		锤头形状	变形程度	
			冷锻	热锻
实心轴		圆柱形，无锥形进口段	5～10①	30～40
		有锥形进口段	25～35	35～50
空心轴	t/d_{cp}③<0.25	圆柱形，无锥形进口段	15～30②	35～50
		有锥形进口段	25～45①	40～65
	t/d_{cp}=0.25～1	圆柱形，无锥形进口段	不推荐	不推荐
		有锥形进口段，α=15°～25°	15～20	20～25

① 小的数值用于直径大于 40mm 的坯料。

② 大的数值用于直径大于 70mm 的坯料。

③ t 为坯料壁厚，d_{cp} 为内径与外径平均后的直径。

2. 其他工艺参数

（1）下压量

如图 1-13 所示，锤头下压量指在径向锻造预成形时锤头锤一次，锤头压入坯料的深度，即坯料径向的缩减量，相关研究表明锤头下压量对成形后的晶粒度有显著影响。

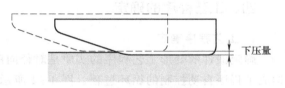

图 1-13　锤头下压量示意图

（2）轴向送料速度

轴向送料速度是单位时间内坯料轴向送进的长度，多道次文件里需把轴向速度转换为相对送进量 L，它指坯料在每锤头下变形的有限长度。即：

$$L = v/N \ (\text{mm}) \tag{1-12}$$

式中　v——坯料的轴向送进速度，mm/min；

　　　N——锤头的捶打频率，min^{-1}。

轴向速度分为慢速、较慢速、较快速、快速四种，一般情况下，在其他工艺参数的值固定时，轴向速度过慢，影响生产率，选用过大的轴向速度，锤头对坯料的同一部位整形次数少，锻件表面质量较差，因此轴向速度直接影响到锻件的表面质量和生产率，为了提高生产效率，在锻件品质允许的情况下选择较大的轴向速度。

（3）坯料（夹头）转速

锻件转速是锻件每分钟的转数，根据径向锻造工艺的原理可知，在锤头与坯料短暂接触时，坯料是被锤头夹住停止转动，当相邻第二锤锤下时，坯料已经转动一定角度，且锤头在坯料上留下相互错开一定角度的痕迹，这个角度就是所谓的相对转角。相对角度是由锤头的捶打频率和锻件转速决定的，即：

$$\varphi = 2\pi n/N \tag{1-13}$$

式中　n——锻件转速，r/min；

　　　N——锤头的捶打频率，min^{-1}。

四个锤头是同步运作，坯料表面由锤头造成的夹击痕呈圆弧面多边形，轴向速度越低，坯料表面的边数越多，圆弧面多边形越接近于整圆，表面越圆滑。若在坯料表面的圆弧面边数是锤头的整数倍时，锤头会在坯料同一部位重复捶打，则径向圆弧面搭接面减少，导致坯料表面金属不均匀变形。锻件转速对锻件表面质量和生产效率有影响。

（4）锻造温度

径向锻造时，锤头与锻件的接触时间非常短，锤头的锻造热损失很小，加之锻打速度和频率高，锻件的终锻温度通常较高，因此，坯料的加热温度可比一般锻造时降低 50～100℃，从而使产生的氧化皮减少。为了进一步减少氧化皮对锤头和设备的损伤，可采用无氧化加热技术。

对于温锻时的加热温度，应视材料的变形抗力、设备的额定能力和采用的工艺参数等具体情况而定，可以将加热温度选在蓝脆区温度以上，如 500～700℃。也可将加热温度选在蓝脆区温度以下，如 150～200℃，或在室温下冷锻。在锻打过程中，强烈的变形热使锻件升温，故锻件必须冷却，否则，当温度升至蓝脆区温度，锻件可能破裂。一般采用水或机械油对锻件冷却。在锻造变形温度范围较窄的合金钢时，可以通过调整锤头径向进给量和轴向送进速度控制温升。

四、工艺程序的确定

1. 工艺程序确定

确定锻件的变形工艺程序的实质是对径向锻机夹头和锤头的运动编制逻辑程序，二者构成了程序自动控制的循环过程。图 1-14 所示为一根主轴径向锻造逐段顺序变形工作循环示意图。图 1-14（a）为工作循环过程，用箭头表示，在箭头旁标注工步序号。图 1-14（b）

为变形过程。用实心箭头表示坯料在该道变形前夹头或锤头的运动过程，而坯料不变形时夹头或锤头所做的送进动作过程用空箭头表示。垂直于轴线的箭头表示径向送进，平行于轴线的箭头表示轴向送进。

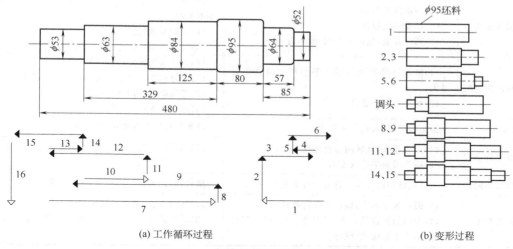

(a) 工作循环过程   (b) 变形过程

图 1-14 一根主轴锻造工作循环示意图

按照夹头和锤头之间相对不同的运动方向关系，锻打方式分为拉打和推打两种，如图 1-15 所示。图 1-15（a）表示坯料在拉打变形，此时夹头逐渐离开锤头，有锻件不易弯曲、锻件轴向尺寸稳定和一次进给量可以加大等优点。图 1-15（b）表示坯料在进行推打变形，此时夹头逐渐靠近锤头。此种方式适合于冷锻或坯料不易夹紧（如难熔金属材料加热温度高和表面很滑）的场合。拉打和推打混合使用可减少工步，减轻拉打的压力。采用小压入量推打，便于自行清理氧化皮。

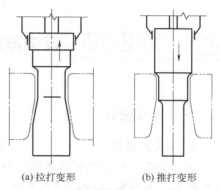

(a) 拉打变形   (b) 推打变形

图 1-15 锻打方式示意图

确定变形工艺程序时，应充分考虑一次压入量应与锻机的锻打能力相匹配，同时应尽量减少空行程。

2．工艺卡片的编排

工艺卡上一般不画变形过程图，只画工作示意图。编排工艺卡片主要是为了确定径向锻机上控制锻件尺寸的调整挡块的位置。应注意如下几点：一是径向锻机上的控制标尺是冷态尺寸，所以在布排挡块位置时要考虑热锻件的膨胀因素；二是锤头和夹头的运动均将使受力构件产生一定的弹性变形（通常称弹跳），所以在安排挡块位置时应加以考虑。例如，夹头下降至零位再上升到 100mm 处，锻出锻件的长度应为 100mm 加上弹跳值和减去热膨胀量。

五、 径向锻造锻件的缺陷分析

径向锻造锻件的缺陷及其产生原因如表 1-6 所示。

工艺缺陷	产生原因	防止措施
端部马蹄形	毛坯截面温度不均引起变形不均	保持毛坯截面温度均匀
端部凹坑	(1)一次压入量小； (2)始锻温度过低； (3)高合金钢，变形抗力大，锻不透	(1)增大一次压入量，变形程度大于50%，凹坑基本消除； (2)始锻温度适当； (3)加大机器吨位，增大一次压入量
外圆出现棱角	(1)被锻部分直径与锤头整形段圆弧直径差过大； (2)夹头转数不适合	(1)设计双圆弧整形表面锤头； (2)小直径段大多数情况下采用一次精整； (3)适当降低轴向送进速度； (4)选择合理的夹头转速
螺旋形凹坑	锤头表面龟裂，粘住氧化皮	清理坯料表面氧化皮，返修锤头
螺旋形脊椎纹	(1)压入量大，且轴向送进速度偏大； (2)锤头圆角半径 R 偏小	(1)采用较小的压入量，较低的轴向送进速度； (2)增大锤头 R
各台阶不同心	工件旋转中心与锤头打击中心不重合	提高锤头、夹钳制造精度，保持二者重合
锻件弯曲	(1)锻后放置不当，锻后冷却时造成弯曲； (2)带凹档件直径差大，且锻件较长，锻下部台阶时，易将上部扭出"硬弯"	(1)保持立放，避免一侧风冷； (2)适当修改锻件尺寸，降低夹头转速，减小一次压入量

第四节　径向锻造模具设计

一、锤头设计

1. 锤头的材料

锤头的破坏形式主要是整形段和预变形段过渡处的变形和龟裂。用一般热作模具钢制成的锤头，其修复前的使用寿命在 3000 件左右。热锻时，锤头材料一般选用 H13 钢、3Cr2W8V、5CrNiMo、4Cr5W2VSi 等热作模具钢。除用整块模具钢制作的锤头外，还可以在结构钢基体的工作表面上堆焊耐磨合金（堆焊层厚度 5～8mm），以降低模具成本。用整块模具钢制作的锤头，在翻修时也可采用合金焊条堆焊或喷焊。常用的合金焊条国标牌号有 TDR-5CrNiMo（45）C、TDR-3Cr2W8（48）C、TDR-5CrW9 Mo2V（55）。锤头的热处理硬度为 44～50HRC。

冷锻时，锤头的材料一般选用冷作模具钢。如 9CrSi、Cr12MoV、SKD11 等，热处理硬度不低于 60HRC。还可以采用硬质合金，如 TiC 系硬质合金 GT35 和 R5，WC 系硬质合金 TLMW50 和 GM50 等。

2. 锤头基本尺寸的确定

（1）锤头厚度确定

根据锻件的最小打击直径，锤头厚度为：

$$\delta = c - \frac{d}{2} - (1\sim2) \tag{1-14}$$

式中　　d——锻件的最小打击直径，mm；

　　　　c——固定锤头的基面到打击中心（即坯料中心）的最小距离，mm。

每一个锤头厚度都有和它相对应的一个最小打击直径。每种径向锻机都有锤头调节量，如 $\phi120$mm 径向锻机的锤头调节量为 55mm；$\phi80$mm 径向锻机的锤头调节量为 36mm。最小打击直径加上锤头调节量即为最大打击直径。

（2）锤头工作表面的形状和尺寸

锤头工作型面通常是由圆柱面构成的整形段和四圆锥面构成的预变形段组成的。目前常用的锤头工作型面有三种形式，如图 1-16 所示。在图 1-16 中，（a）、（c）两种和（b）比较有如下优点：坯料在较长的圆锥面上逐渐均匀平缓变形，有利于提高锻件表面质量；同时，因为锤头与锻件接触面积大，外部摩擦阻力大，锻透深度大，有利于减少表面变形，提高锻件内部质量和减小端部凹坑，可增大一次进给量。采用在图 1-16（a）、（c）所示的两种锤头锻造带凹档的锻件时，增加了不必要的余面，锤头温升高。

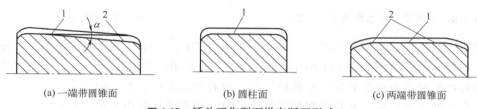

(a) 一端带圆锥面　　　　　　　(b) 圆柱面　　　　　　　(c) 两端带圆锥面

图 1-16　锤头工作型面纵向断面形式

1—整形段；2—预变形段

锤头工作型面纵向断面形状设计主要是确定预变形的圆段和圆锥角。大的圆锥角可以减小变形力，但增加了变形的不均匀性，其导致锻件锻裂。当压缩变形程度 $\varepsilon<5\%$ 时，可不设锥形进口段。如锻件本身有锥形部分则整形工作型面还应包括一段与锻件锥度一致的锥形表面，锤头进口圆锥角区与锻件的相同。锤头尾部斜度 α 不应大于摩擦角，热锻时取 $8°\sim12°$，冷锻时不超过 $8°$。预变形段键形部分的长度一般取 $L_{锥}=0.6L$（L 为锤头长度）。整形段长度 $L_{柱}$ 与变形程度、夹头转速、轴向送进速度和锻件的表面质量有关，应保证在轴向送进速度一定的情况下，工件旋转一周，相邻锤头的整形段锤击部位仍能衔接。按

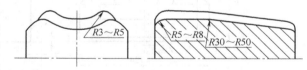

图 1-17　锤头工作型面各部位过渡圆角半径

经验，当 $\varepsilon\leqslant25\%$ 时，取 $L_{柱}=0.8d$（d 为坯料出口段直径）；$\varepsilon>25\%$ 时，取 $L_{柱}=(1\sim1.2)d$。锤头工作型面各部位都应有圆角过渡，见图 1-17。在推打时，整形工作型面上部圆角半径不应小于半径上的最大压入量。拉打时可小些，一般取 $5\sim8$mm，工作型面两侧圆角一般取 $3\sim5$mm。整形段和预变形段过渡部位的圆角半径取 $30\sim50$mm，为避免锻件产生折叠，该过渡圆角半径亦可取 $R=(0.6\sim0.8)d_0$（d_0 为坯料进口段直径）。

整形段的横截面是凹圆弧状，该处圆弧半径应等于或稍大于所锻工件的半径。若太小，锤头两侧容易啃入工件，在继续锻打时造成锻件折叠。若太大，易使锻件锻成多边形，因此锤头整形段圆弧半径应等于所锻工件半径或再增加 $1\sim2$mm。

当锻件被锻部分的最大直径比坯料直径小得多时，可将整形段设计成双圆弧状，如图 1-18 所示。较大圆弧的半径应按坯料半径选取，仅在开始锻打时起作用，较小圆弧的半径按锻件最长一段的直径之半选取，在锻打到该段时起整形作用。

（3）锤头的楔角 β

为保证锤头在任何位置上都不产生干涉碰撞，锤头的两个侧面应设计成楔形，如图 1-19 所示。

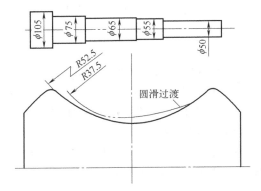

图 1-18　双圆弧工作型面的锤头横截面

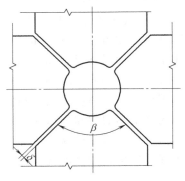

图 1-19　锤头锲角

锻机为四锤头时，取 $\beta=90°$，三锤头时取 $\beta=120°$。此外，须保证在锤头最大进给位置时，相邻锤头的侧面间隙 δ 不小于 2mm。除上述通用锤头的形式外，当锻造台阶短而多且相邻台阶尺寸差很小的短空心轴锻件时，或者外形有特殊要求的（如弹体的缩口、无缝钢管穿孔冲头的成形、喷管的缩颈等）锻件时，均需设计专用成形工作型面的锤头。

3. 锤头的制造图纸设计

图 1-20 为一种典型的锤头结构，除图上注明的技术要求外，还要求一组锤头的工作

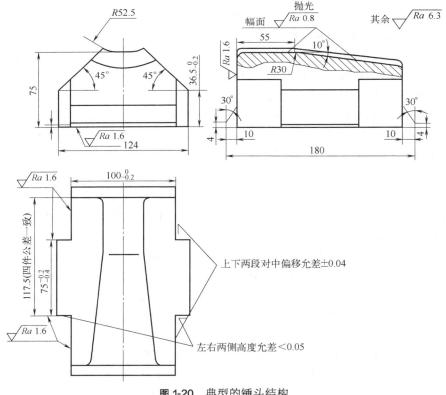

图 1-20　典型的锤头结构

型面在精加工时采用专用夹具成组加工，从而保证工作型面各部位尺寸公差一致，通常一组锤头的厚度尺寸偏差相差不应大于±0.02mm。$R52.5mm$ 的圆心偏离轴线不大于 0.05mm。

锤头工作型面的表面粗糙度 Ra 应小于 $0.4\mu m$。整体热处理时，硬度应为 46～50HRC，方能减轻热锻时氧化皮黏结现象和减少锻件表面产生螺旋形凹坑现象，以及减小冷锻时锻件表面的粗糙度值。锤头的外形和固定部位结构形式和要求因径向锻机不同各异。

二、芯棒设计

空心轴锻件的内孔成形时，通常采用整体式或组合式芯棒。芯棒还可以分为热锻用和冷锻用两种。前者是空心的，内部可通冷却水。

为便于芯棒脱出，芯棒的直径尺寸应逐渐减小，径向锻造不能锻出等直径的内孔，就是因为芯棒一定要有锥度。4120mm 径向锻机上整体芯棒锥度取 1∶250～1∶500，热锻时采用短芯棒推打，锥度可减小到 1∶1000。冷锻时，采用短芯棒推打，锥度可取 1∶5000。

在单夹头径向锻机上，一火只能锻出内孔直径尺寸递减的空心轴。当锻造内径中部比两端大的空心轴时必须采用调头锻，在同火内另一端自由缩孔，或者在下一火时更换芯棒。

设计芯棒时要从锻件内孔形状出发。考虑金属的流动和积聚，在内孔急剧转角和过渡处应将形状简化，如图 1-21 所示。

在双夹头的卧式径向锻机上，应采用组合芯棒锻造直径两端大中间小的空心轴，锻后分别从两端脱出芯棒。

设计芯棒各台阶的直径和长度尺寸时，应考虑热锻件的收缩。借助芯棒锻造空心轴时，一般终锻温度较低，所以比一般实心轴的收缩量小，可按 0.5％～0.8％计算。冷锻薄壁件或经调质处理的坯料，锻成的内孔应比芯棒尺寸略大，故芯棒尺寸应比公称尺寸小。

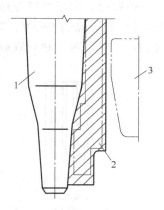

图 1-21 内孔形状简化示例
1—芯棒；2—工件；3—锤头

热锻用芯棒必须在中心部位加工冷却水孔。

芯棒的材料，一般热锻时用 H13、3Cr2W8V、4Cr5W2VSi，冷锻时用 Cr12MoV、W18Cr4V 及硬质合金。热锻芯棒的热处理硬度为 46～50HRC，表面粗糙度值 Ra 小于 $0.4\mu m$；冷锻芯棒热处理硬度为 60～62HRC，表面粗糙度值 Ra 小于 $0.2\mu m$。

热锻芯棒的主要破坏形式是表面磨损，凹凸不平，导致芯棒脱出困难，也有因硬度低或冷却不够，结果自身被锻成细杆，从而报废的情况。冷锻芯棒的主要破坏形式也是表面磨损，使表面粗糙度值加大，结果造成和坯料黏结在一起，以致退出芯棒时将锻件内孔拉毛，甚至芯棒本身断裂。

不论冷锻和热锻，均应采用适当的润滑剂润滑芯棒。热锻时还需用油或水冷却锻件。

芯棒的形式有多种，有插入式芯棒、回转式芯棒、锻造薄壁管用的芯棒等，如图 1-22 所示。

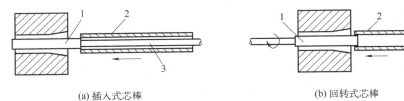
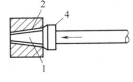

(a) 插入式芯棒　　　　　　　　　　(b) 回转式芯棒　　　　　　　(c) 锻造薄壁管用芯棒

图 1-22　芯棒形式示例

1—芯棒；2—坯料；3—支撑棒；4—送进凸缘

径向锻机上使用的夹钳有两爪式和三爪式两种。夹钳动作方式有铰点平移式和杠杆摆动式。夹钳口的形式有平钳口、圆弧钳口和台阶钳口。平钳口容易加工，通用性好。圆弧形钳口适用于大批量锻件生产。在调头锻造前后夹持尺寸相差较大的锻件时，可采用台阶式钳口。

不论在哪一种钳口上，均应开有防滑槽，如图 1-23 所示。纵向防滑槽用于冷锻推打，只起防止锻件转动作用。横向防滑槽可防止锻件从钳口脱出，一般热锻推打和拉打都可使用。另外也可将槽开成双向防滑槽，既能防止坯料转动也能防止坯料脱离。

热锻时，由于钳口与热坯料长时间接触，钳口温升很高，因此应选用红硬性好的材料，如 H13、3Cr2W8V、W18Cr4V 等，热处理硬度大于 40HRC；冷锻钳口可选用 T10、9CrSi、9Mn2 等，热处理硬度为 56～60HRC。

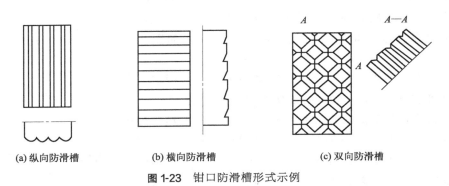

(a) 纵向防滑槽　　　　　　　(b) 横向防滑槽　　　　　　　(c) 双向防滑槽

图 1-23　钳口防滑槽形式示例

第五节　径向锻造机

一、径向锻造设备

径向锻造设备大致可以分为滚柱式旋转锻机和径向精密锻机两类，也可以细分为滚柱式径向锻造机、曲柄连杆径向锻造机、曲柄摇杆式径向锻造机和液动万能锻造机四种。

一般容易将辊形变形工具连续或周期地作用于坯料上的辊辗变形方式与锻锤类变形工具不断地作用于坯料上的锻造变形方式相混淆。径向锻造是通过缩径和拔长变形生产不同形状的物类和型材类锻件，因此，根据工具的径向压缩进给和锻件的缩径拔长两个特点定义径向锻造所使用的设备较为确切。

从这个意义上讲，各种径向锻造机，包括芯轴式径向锻造机、轮圈式旋转锻造机、滚筒式前转锻造机均属于旋转径向锻造机；各类立式、卧式的径向锻机，无论是锤头相对坯料进行旋转或不进行旋转，或是坯料相对于锤头旋转或是只进给不旋转，均同属于径向锻机。

由于锻件尺寸精度高，也有人将径向锻机称为精锻机。

在径向进给不可调节的（锤头锻打行程固定的）锻机上锻造时，锻件的形状和精度由锤头闭合时形成的孔腔形状和尺寸保证，在径向进给可调的（锤头行程可变的）锻机上锻造时，锻件的形状和尺寸由改变锤头的锻打行程和坯料的轴向送进量来保证。

目前，市场上使用最多的径向锻造机主要有两类：一类以 FELSS、HMP 等企业为代表，其原理如图 1-24 所示，内环和外环的旋转带动滚柱在滚柱架上做圆周运动，当滚柱从蘑菇头圆弧最低点运动到最高点时，推动蘑菇头向下运动，锤头闭合；当滚柱从蘑菇头圆弧最高点运动到最低点时，蘑菇头向上运动，锤头展开。滚柱的连续运动推动蘑菇头做往返运动，蘑菇头的往返运动推动锤头做高频往返锻打，实现连续的锻造。滚柱在蘑菇头上运动到圆弧最低点和最高点的过程中形成高度差，这个高度差即为锤头单次锻打过程中锤头展开和闭合形成的锻打圆弧的直径差。锤头闭合时，在摩擦力的作用下，带动零件相对旋转运动，使材料在径向力的作用下纵向流动的同时，受径向压缩而按模具的形状延伸成形，实现零件的冷成形。该类设备锻打力量略小，零件与模具的相对运动受夹块的夹持力、零件的摩擦系数、内外环的转速等因素影响，相对运动速度不能做到恒定不变，也就是说，单位时间内工件的变形量不为恒定值，对成形的影响较大，往往需要工艺师具备较好的工程应用能力。FELSS 径向锻造机主要技术参数见表 1-7。

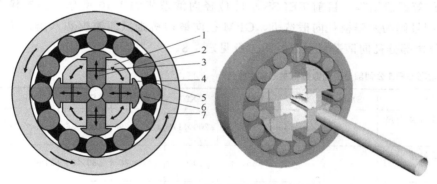

图 1-24　FELSS 径向锻造机原理示意图

1—主轴；2—锤头；3—斜板；4—蘑菇头；5—滚柱保持架；6—滚柱；7—外环

□表 1-7　FELSS 径向锻造机主要技术参数

参数	AF 120	AF 200	AF 300	AF 500	AF 600
轴向力/kN	120	200	300	500	600
成形行程/mm	60	200	260	260	260
所需功率/kW	约 12	约 20	约 30	约 45	约 55
快速往返速度/(mm/s)	100	100	100	100	100
工件往返速度/(mm/s)	50	50	50	50	50
工件最大直径/mm	32	50	80	80	80
工件长度	根据需求				

另一类径向锻造设备以 GFM 为代表，见图 1-25，模具依靠液压缸推动往返运动，夹头直接夹紧工件后可以按指定转速做恒定的旋转，因此在锻造零件时，通过程序可以控制单位时间内锤头的锻打次数和工件的变形量，对于变形量较大的工件能有效地控制材料的定向流动。

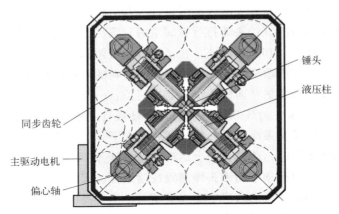

图 1-25　GFM 径向锻造原理示意图

不同类型的径向锻造设备锤头的数量各不相同，按模具数量可以分为四瓣模径向锻造机、六瓣模径向锻造机、八瓣模径向锻造机等。理论上模具数量越多，在锻造过程中模具锻打面对材料的覆盖面积越大，锻造时越接近一个完整的圆，锻造越充分，单个模具的受力越小，单位时间内锻打的次数越多，成形越好，越不容易出现锻造过程中的金属堆积、折叠、裂纹等锻造缺陷。目前 FELSS 小吨位径向锻造机如 H40 型号为四瓣模径向锻造机，H60 型号则为六瓣模径向锻造机，GFM 径向锻造机则以四瓣模和八瓣模为主，奥地利 GFM 公司部分径向锻造机主要技术参数见表 1-8。

表 1-8　奥地利 GFM 公司部分径向锻造机主要技术参数

型号	SX02	SX06	SX13	SX20	SX32	SX40	SX55	SX85
可锻的棒料最大尺寸/mm	φ20	φ60×50	φ130×115	φ200×175	φ320×290	φ400×360	φ550×480	φ850×750
可锻的棒料最小尺寸/mm	—	—	φ35×40	φ50×50	φ70×70	φ80×80	φ100×100	φ140×140
锻矩形时： 最大宽度/mm 最小高度/mm 边长最大比例			100 20 1:5	150 25 1:6	240 40 1:6	300 50 1:6	360 60 1:6	510 85 1:6
棒料尺寸最大,压缩比为 4:1 时的生产率： 结构钢/(t/h) 高合金钢/(t/h)			1 0.75	2.5 1.9	6 4.5	10 6	16 10	30 20
可锻的坯料最大长度/mm	—	—	6000	10000	10000	10000	10000	10000
每个锤头打击力/kN	150	800	1600	2600	5000	8000	10000	25000

型号	SX02	SX06	SX13	SX20	SX32	SX40	SX55	SX85
打击次数/(次/min)	2000	1300	700	480	310	270	200	125
直径调节范围/mm	15	35	80	135	210	260	300	550
夹头：高速运动速度/(mm/s) 喂料速度/(mm/s)	500 10~100	500 10~100	500 10~100	500 10~100	500 10~100	500 10~100	500 10~100	500 10~100
锻造用电动机功率/kW	15	45	160	250	500	800	1200	3000
装机总功率：一个夹头/kW 两个夹头/kW	30	83	240 260	390	700	1250	1800	4000
机器总质量/t		17	55~83	140~163	256~300		580~700	

二、径向锻造机特点

径向锻造工艺使用多个锤头锻造，工作时一边轴向送进一边绕自身轴线旋转，锤头径向锻打，兼有脉冲和多方向特点。脉冲锻打频率高、变形量小，因此，变形阻力低，减少变形功。在径向锻机上完成同样的锻造工艺，和其他锻造工艺相比，需要设备的打击力小。

与锤和模锻压力机相比，由于在径向锻造时锤头与热锻件接触的时间比较短，而且周围空气流动使锤头容易冷却，故锤头寿命有所提高。径向锻造时由于金属变形处于三向应力状态，有利于提高金属塑性，心部不易产生裂纹，故不但适用于一般钢材锻造，也适用于强度高塑性低的高合金钢锻造，尤其适用于难熔金属如钨、铜、钯等材料及其合金的锻造。径向锻造可进行热锻、温锻及冷锻，锻件的表面质量和内部组织都较好。可锻各种类型的轴、杆件等。径向锻造还可为模锻制坯。例如叶片先用径向锻造方法制坯，然后在模锻设备上精锻。锻出的叶片只留精加工余量，可大幅度提高材料利用率和生产率。

径向锻造生产的锻件精度高，机加工余量少，材料利用率高。采用芯棒可进行旋转体空心件锻造，如各类气瓶，炮弹壳缩口，氧气瓶缩颈，冷锻枪管来复线及弹膛等。径向锻机在锻打时振动小，对基础要求不高。径向锻造机多采用数字程序自动控制或微处理机控制系统，自动化程度和生产效率都很高，如热锻火车轴和冷锻枪管来复线等的自动生产线。还有一种用于钢厂的径向锻造机，锻造时工件只送进，不旋转，直接将钢锭锻成方钢和扁钢等，生产率比普通的开环自由锻造提高许多倍。

三、径向锻造机的工艺用途

径向锻造机可以用来锻造各种断面形状对称的棒料或管料，将整根坯料锻细或将坯料锻成锥形，如车轴纺机锭子、锥形量具、锥形刃具及高尔夫球打杆、滑雪撑杆，自行车管架等锻件的锻造。利用靠模可将各种形状对称的棒料或管料的中间段锻细或锻成锥形，可将管料一端锻成封闭（封口）或成瓶颈状（缩颈），如氧气瓶的颈部成形。管件内部锻成内螺纹。锻成截面为方形、四边形或形状不对称的工件。锻造在车床上不易加工的杆件或者锻成特殊的空心封闭形工件。径向锻造机的锻件最小直径为 0.1~0.5mm。外径在160mm 以下的管料或直径为 1.5~50mm 的棒料可以冷锻。

四、现代大型径向锻机及锻造技术

1. 现代大型径向锻机概述

径向锻机作为一种新型高效的自由锻造设备，从 1945 年开始在欧洲得到快速发展和应用。最初径向锻机用于生产炮管，但锻造力较小。20 世纪 70 年代以后，径向锻机用于生产火车车轴和被欧美的一些特殊钢或特种合金生产企业用于生产高合金钢、高温合金和钛合金棒材，锻造力越来越大。2001 年，锻造力达到 16MN 的径向锻机在德国蒂森公司投产。目前，已向市场提供的径向锻机最大锻造能力为 18MN，已经设计的径向锻机最大锻造能力达 25MN，可锻坯料直径达 850mm，长度 10000mm。

目前，国内外应用的大型径向锻机大多由奥地利 GFM 公司和德国 SMSMeer 公司提供，它们的产品代表着现代大型径向锻机的最高技术水平。

我国从 20 世纪 80 年代起先后引进 7 台由 GFM 公司生产的 SX 系列机械式径向锻机，如 SX32 型、SX40 型等。这种系列的锻机是完全自动化的四锤头自动锻机，适用于铸锭和开坯和预制坯的锻造，也适合于锻造重熔铸锭和挤压材料。除了在铁路车轴锻件生产线上用于生产火车轴产品，也有钢厂用于生产高合金工模具钢、不锈钢以及高温合金、钛合金等难变形材料的棒材。

全液压式径向锻机是近些年来逐步开发、发展起来的。目前，主要的生产厂是德国 SMSMeer 公司。国内某钢厂于 2004 年首次引进 SMX650 型 13MN 液压径向锻机。到目前为止，国内一些拥有径向锻机的特殊钢厂还不能直接将高速工具钢、高温合金、钛合金等难变形材料从锭坯锻成棒材，只能采用快锻液压机或锻锤开坯，再在径向锻机上二次锻成棒材，某些产品的工艺技术和质量与国外存在较大差距。

机械式径向锻机是通过电机驱动曲轴，通过滑块带动锤杆实现锤头往复运动。见图 1-26，液压式径向锻机是通过油泵液压传动不同驱动活塞带动锤杆实现锤头往复运动，类似于带有四个锤头的快锻液压机。这类径向锻机主要用于钢厂大型棒、板、管坯类锻件的开坯锻造。目前，一台 13MN 径向锻机年产锻件 5 万～8 万吨。

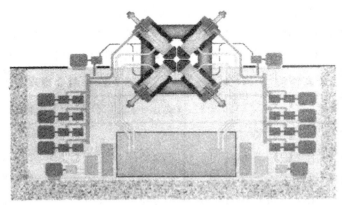

图 1-26 液压式径向锻机

2. 现代径向锻机的工艺技术特点

选择大型径向锻机作为生产车轴锻件和高合金特殊钢锻件的设备具有如下工艺技术特点。

（1）良好的锻透性

采用四个锤头同步锻打，锤头设计完全消除了锻件金属的横向变形，使锻件变形区处于良好的三向压应力状态，避免横向宽展裂纹产生。和锤锻车轴相比，径向锻车轴晶粒细化程度高，整个截面包括中心部位内均为细晶组织。

（2）良好的工艺性

由于锻打次数高达 180～240 次/min，甚至达到 310 次/min，故锤头与锻件接触时间极短、热量散失极少，因而锻件的变形可以全部转化为热能，造成的锻件温升足以补偿锻件因锤头导热和热辐射带来的热量损失，使锻件几乎在恒温下变形，得以保持最佳锻造状态，使整个锻件的锻造过程一火即可完成，还能使锻件的断面收缩率显著提高。良好的工艺性保证了产品质量，锻件的合格率达到 98% 以上。

（3）锻件尺寸精度高

径向锻机采用 CNC 控制，使锤头轴"R"、夹头轴"A"和"B"的位置得到精确的控制。"R"轴为±0.5mm，"A""B"夹头轴为±2mm。考虑到锤头和连杆的热膨胀量，可将锻件的径向尺寸公差控制在±1mm。

两夹头的中心与锻造中心线偏差为±0.5mm，导轨的水平度为 0.1/1000mm，确保锻件全长的不直度不超过 3mm。

（4）材料利用率高

车轴锻件的径向单边加工余量为 5～6mm，除个别部位外，均可一次机加工完成。与常规锻造相比，材料利用率提高 20% 以上。

（5）自动化程度高

径向锻机从坯料喂入到上料、精锻、下料和输出全部实现自动化操作，集机、电、液、仪、数控技术于一体，更换一种产品仅需输入相应的程序而无须对机器本身做任何调整，因而，径向锻机适合于大批量、多品种锻件的生产。

3. 大型径向锻造工艺对锻后产品组织性能的影响

根据大型径向锻机的变形特点和不同的材料特性，制定合理的锻造变形工艺是保证锻后产品组织性能的关键。

（1）锭坯的加热制度

确定锭坯合理的加热温度和加热制度是保证锻件锻后产品质量的前提。一般由于径向锻造生产效率高、变形速度快、产生的变形热大、温降小，其最高加热温度要比在锻锤或快锻液压机上锻造加热温度低一些。特别是在坯料锻造时，还可以选择比钢锭加热更低的温度。加热温度过高，会在锻造过程中造成过热组织，部分高温合金产生表面拉长晶粒或局部混晶组织；温度过低时，高碳高合金莱氏体模具钢会造成锻材内部沿共晶碳化物处开裂。

（2）合理的变形工艺参数

如图 1-27 所示为径向锻造变形过程示意图。如果工艺参数选择不当极易造成工件不均匀变形，即表面变形大、心部变形小或不变形，造成心部锻不透并产生周向拉应力，心部缺陷不能焊合甚至在锻造过程中产生中心

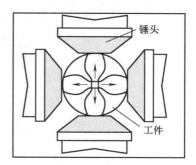

图1-27　径向锻造变形过程

空洞和裂纹等情况。

影响变形区应力、应变和温度场分布的工艺参数主要有道次延伸率、坯料转角和轴向进给步长、锤击时间、锤头的形状尺寸等。理论上讲，锭坯在变形过程中道次延伸率、坯料转角和进给步长越大，坯料在心部应力状态和应变状态越好，越有利于心部缺陷的焊合和均匀变形。然而道次延伸率过大可能会使锤头陷入工件，使锻件产生折叠或变形抗力超过设备最大能力；坯料进给和转角步长过大，可能会使坯料在径向锻造过程中部分表面没有和锤头表面接触，造成表面漏打现象等。

锭坯在锻造过程中温度场的分布，不仅与加热温度有关，而且和道次延伸率、变形速度等有关。材料变形抗力越大，进给步长和材料热导率越小，材料在锻造过程中内部温升越大；反之温升越小。实践证明：只要合理设定变形工艺参数，径向锻机在开坯道次变形过程中，能够将锻件表面温度控制在 40～80℃。

第二章

汽车空心轴研究现状

第一节　中国汽车的产销现状

　　汽车的出现极大地促进了社会的发展，今天，它在人类生活中扮演的不仅仅是一种出行工具，还表达着人们对生活品质的追求。汽车是一个集资金、技术和人才的庞大工业体系，汽车工业在许多国家都具有十分重要的地位，它的进步不仅可以促进相关配套行业的发展，还可以使更多的高新技术得到应用和实践，促进更多产业的创新发展。中国的汽车行业相对发达国家来说虽起步较晚，但是在改革开放和新时期中国国民经济飞速发展的巨大动力驱动下，已经取得了极大的发展。

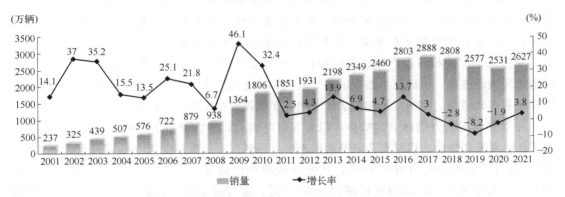

图 2-1　2001～2021 年中国汽车销量及增长率

　　随着国民收入的提高，中国汽车的需求量变得巨大，如图 2-1 所示，中国 2001 年汽车销量仅仅 237 万辆，到 2021 年增长为 2627 万辆。从 2010 年开始，我国汽车产销连续 12 年位居全球第一。我国 2023 年汽车产销均突破 3000 万辆，分别完成 3016.1 万辆和

3009.4万辆，同比分别增长11.6%和12%。其中，汽车国内销量2518.4万辆，同比增长6%；汽车出口491万辆，同比增长57.9%。乘用车方面，我国乘用车市场连续9年超过2000万辆，2023年产销分别完成2612.4万辆和2606.3万辆，同比分别增长9.6%和10.6%。同时，新能源汽车产销量也在逐年增加，如图2-2所示。2023年，新能源汽车产销分别完成了958.7万辆和949.5万辆，同比分别增长35.8%和37.9%，市场占有率达到31.6%，高于上年同期5.9个百分点。

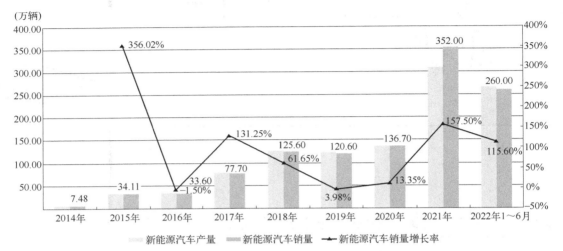

图2-2 新能源汽车2014~2022年产销量变动

2021年，插电式混合动力车型的快速增长传递出一个积极的讯号。2022年，在新能源浪潮之下，介于纯电动与传统燃油车以及混合动力车型中间的插电式混合动力车型将得到进一步的增长。插电式混合动力车型是燃油车时代向新能源时代转型的重要技术路线，而且也具备规模性普及的潜质。

这些巨大的数字背后不仅体现了社会的快速发展，还隐含着对能源和生态环境的巨大威胁。例如，在中国，汽车尾气已经成为各大城市的主要污染物之一，汽车尾气的肆意排放不仅会大大增加空气中的有害物质，使人们患上呼吸道类疾病的概率大大增加；还会在特殊条件下造成严重的雾霾现象，降低道路能见度，使交通事故发生的概率提高。放眼世界，环境问题都变得日益严峻，各国都在积极转变生产生活方式以减少能源的浪费，减少对生态环境的破坏，中国更是走在世界节能减排的前列，从党中央到地方政府都在大力倡导可持续发展的道路，并制定了相关法律法规督促和鼓励国民在各行各业中践行可持续发展。

在世界各国大力倡导节能减排，以实现可持续发展的大背景下，中国的汽车行业也迎来了新的考验和使命。根据有关研究数据表明：一辆汽车自重减少10%，可降低油耗6%~8%，若汽车的滚动阻力减小10%，其燃油效率相应可提升3%。例如一辆重约16~20t的卡车，自重减轻1t，其油耗可减少6%~7%。这些真实而具体的数字为汽车的发展指明了一个新方向，即通过合理的设计并利用新材料新工艺来减轻汽车自重能够十分有效地减少汽车油耗及尾气的排放。许多学者早已意识到这一挑战和机遇，并明确了汽车轻量化这一方向。目前，可以从以下几个方面来实现汽车轻量化：一是汽车结构设计方面；二是应用新材料方面；三是制造工艺方面。就第一个途径而言，汽车从出现至今其基本结构通过漫长的发展已经达到一个相对成熟和稳定的水平，因此通过优化汽车自身结构来减轻重量是很有局限的。值得庆幸的是随着科学技术的不断发展，新兴材料和先进的生产工艺层出不穷，它们的出现为许多行业传统而守旧的生产方式带去了新的生机和活力，汽车行业也不例外。在中国，随着汽车需求量的逐年增加以及社会对节能减排的迫切要求，如何寻求一种新的制造工艺生产出经济节能的汽车零部件成为一个难题。汽车空心轴类零件应运而生，经过漫长的改革和创新，目前一些国家的汽车空心轴类零件制造技术已十分成熟，所制造出的产品以其质量轻和高抗扭性能已经在这些国家的汽车领域得到广泛应用。例如，据不完全统计，一些发达国家对这类零件的应用比重达到了10％左右，其中奔驰、宝马等轿车上的许多传统零部件已经被空心轴类零件代替。在中国，由于技术资源等方面的局限，汽车空心轴类零件的研发和应用还处于初级阶段，因此自主开发汽车空心轴类零件生产制造技术的要求显得极其迫切。转向轴作为汽车转向系统中必备零部件之一，在服役过程中要求它具有一定的刚度、抗疲劳性能和吸能功能，传统的汽车转向轴多为实心轴，其传统制造工艺复杂且材料利用率低。已有研究成果表明，可以通过纵向螺旋轧制法、楔横轧、径向锻造等方法来实现空心轴类的成形，并利用有限元分析等方法进行辅助研究，将无缝钢管通过径向锻造近净成形汽车空心轴，不仅可以提高生产效率和材料利用率，还可以进一步提高产品的精度。

第二节　汽车空心轴国内外研究现状

1. 国内外空心轴类零件的研究现状

目前，我国各类汽车轴类零件的生产工序复杂、生产成本高、产品精度低且生产效率低。国内一些学者意识到这些轴类零件在生产制造和使用过程中的问题，开始探索空心轴类零件的相关知识，他们首先进行了铁路用空心轴类零件的探索并取得了一些成果，为中国空心轴类零件研究制造水平的发展提供了良好的开端。首先，曹志礼等在20世纪末以高速列车上空心车轴的设计理论为依据，对其相关性能参数进行了分析。后来，黄成荣等基于他们关于空心轴丰富的研究经验，将研究范围延伸到了空心轴类的附属零件设计方面。顾一新等提出了一些空心轴在机械加工过程中的技术难点的解决措施，进一步推动了国内空心轴类零件的生产进程。到了21世纪初，随着行业需求的逐渐扩大，国内对空心轴类零件的研究趋向应用化。一些相关行业的科研工作者发现实心轴类零件在服役过程中常常会因为疲劳性能不足而发生失效。孙丽雪等在研究轴类零件的刚度时发现轴类零件质量与面积之间存在一定关系，并明确提出壁厚设计合理的空心轴比实心轴具有更强的承载能力，同时他还指出应用空心轴能够明显减轻汽车自重，降低其油耗和噪声。这些研究成果进一步激励了业内学者对空心轴类零件的研究热情，同时随着科学技术的发展，特别是计算机科学在工业领域的不断普及，使相关科技工作者能够通过模拟仿真技术精确地对空心轴类零件的研发和生产过程加以控制。其中，黄成荣利用数值分叉法对采用空心轴传输动力的汽车稳定性进行了分析；卫建军等采用数值模拟技术对通过径向锻造技术成形的空心轴的一些技术参数进行了详细研究。经过相关行业科技工作者二十几年的研究和探索，国内在空心轴类零件的生产制造技术方面取得突破性的进展，但是其应用范围仍然较为局限。

国际方面，20 世纪 70 年代，苏联的相关科研单位试制出了空心轴类零件并顺利进行试用；同时期的 G. D. Lahoti 通过相关的数值模拟研究，获得了成形空心轴类零件过程中某些参数与其余变量之间的关系。在 20 世纪后期俄罗斯通过大量的科学研究得到了很多关于空心车轴的设计经验并探索出了其热轧制造工艺。J. P. Domblesky 等人引入了刚性热黏塑性有限元模型来分析大直径空心轴类零件的径向锻造工艺，通过控制变形过程中的有效应变、应变率以及锻件温度分布，他们发现：径向锻造过程中的进给速率会直接影响材料变形的均匀性，并且锻件与模具之间存在的温度差会影响锻件后续的性能。通过各国工作者多年的不断探索、研究和积累，目前国外制造空心轴类零件较成熟的方法主要有三种：一种是直接在实心坯料上锻造出外形，随后通过后续的机加工制造出内径等内部形状和尺寸，该工艺方法简单，但是材料利用率极低；第二种是在空心管两端焊接实心坯料制造半空心轴类零件，这种方法工序复杂且制造精度难以得到保障；第三种方法是直接在空心坯料上经径向锻造技术成形出所需的空心轴，这种方法可以实现近净成形全空心轴类零件，生产效率高、材料利用率高、产品性能优良，是目前生产空心轴类零件最先进的技术。

2. 径向锻造成形工艺的发展状况

20 世纪，径向锻造技术在美国诞生，它又被称为径向锻造技术，属于精密锻造技术的一种。它是实现材料少切削或无切削的一种先进材料近净成形加工工艺，是使处于塑性状态下的金属经过一系列变形至形状和尺寸都接近产品的生产工艺。一项国际标准是这样描述径向锻造的："一种减小金属棒或管料的截面直径的自由成形方法，它以两个或者多个锤头全部地环绕要减小的截面，在绕其转动的同时进行径向的下压进给"。1946 年奥地利的科学家 B. Rralowetz 博士首次提出了径向锻造的基本原理，20 世纪 60 年代奥地利 GFM 机器制造公司制造的第一台径向锻造机诞生，随后的 70 年代中期用于生产高合金钢等大型零件的设备也随之诞生。得益于良好的基础，国内外的学者多年来对径向锻造技术的潜心研究已收获大量成果。目前，相关科研工作者主要借助数值模拟仿真技术对径向锻造的原理、过程及产品结果加以分析和研究。相关文献提到，Domblesky 和 Altan 两位学者采用一种名为二元对称的有限元分析模型对径向锻造过程中的热力学行为和机械行为进行了研究；科学家 Jang 通过数值模拟对径向锻造过程中的有关性能参数进行了探究；而 Ghaei 也通过有限元分析了不同形状的模具在轴向和周向的分布对零件质量的影响。Sanjari 等人的研究表明材料应变不均匀的区域主要集中于坯料的内部，这与由显微硬度实验所验证的产品应变分布情况一致；Rong Li 发现在径向锻造过程中，零件表面的粗糙度随着轴向送进速度的增大而增大，当轴向送进速度减小至一定量时所成形出来的锻件的表面粗糙度保持同一数值不会发生改变。董节功等通过数值模拟手段研究了模具径向下压量和坯料轴向送进速度对零件锻透性的影响，他们发现当径向下压量较大和坯料的轴向进给速度较小时，材料的锻透性会得到明显的改善。周旭东等建立了合适的数值分析模型，以锻造后材料平均应力和应变分布情况、材料等效应力情况作为评判标准，分析了旋转锤头的数目对零件锻透性的影响，他们的研究表明径向锻造锤头数量的增加会使轴向锻打速度成比例增加，这有利于材料锻透。

除了通过数值模拟研究的手段以外，许多学者通过一些常规的方式在研究径向锻造成形机制、规律和产品性能方面也收获了大量研究成果。例如 Im Seong-Ju 通过物理实验研究了径向锻造中零件的厚度和直径的比值以及坯料横截面面积的减少量等对产品表面质量以及精度的影响。Seong-Joo Lim 等对管状坯料的径向锻造成形特性进行了研究，他主要分析了原始坯料直径的减少量和坯料的进给速度对锻件成形质量的影响，结果表明当坯料的进给速度增大到 2.0mm/r 时会使锻件的壁厚变大，这能够提高锻件的表面粗糙度。Hong Lin 对径向锻造模具的疲劳特性做了研究，他通过事先计算特定条件下径向锻造模具的载荷等得到了模具在高的接触应力和周期性的过载条件下寿命能够一定程度上得到提高的结论。高文贵的研究表明锻造力的大小和中性面的位置随着这些参数的变化而变化，根据相应的影响规律所进行的产品试制结果验证了这些影响规律的正确性。研究发现芯棒的存在可以有效减少锻件出现壁厚偏差并且能够提高锻件的表面质量和硬度。

　　径向锻造技术的最大特点就是精度高和材料利用率高，起初径向锻造技术仅被用于管类坯料的缩径拔长，随着其应用范围的进一步推广，径向锻造技术在生产更为复杂零件的领域得到进一步应用。经过发展，径向锻造技术已在多个国家汽车零部件特别是轴类零件的生产中得到广泛应用。在径向锻造技术的设备及其应用前景方面，许多组织和个人也做了相关研究。关于径向锻造设备的研究从早期的结构方面转移到了工艺研制方面，有资料表明美国在 20 世纪 40 年代就已经有了相关的专利。1964 年世界上第一台锻造机问世，目前德国的 HMP 公司和 FELSS 公司以及奥地利的 GFM 公司所生产出的径向锻造设备代表着世界先进的水平。由于行业内对径向锻造设备制造技术的垄断，我国对径向锻造设备的研发进行得十分缓慢，也十分困难，但相关企业单位也在这方面做了很多艰难的探索，其中我国的相关单位就在 20 世纪 50 年代率先开始了关于径向锻造设备的研究，虽然研究条件十分艰苦，但是他们通过不断的努力研发出的系列小吨位的径向锻造设备，为径向锻造设备在我国的发展进程奠定了一定基础。相关经验技术被业内企业大量学习和借鉴，经过二十多年的发展，大连特钢厂也终于制造出了径向锻造成形设备，且其吨位更大，生产范围更广。1980 年，第一条径向锻造设备生产线被引入国内。20 世纪初，我国公布了一项关于径向锻造设备生产的科技成果，研发者是西安创新精密仪器研究所，标志着我国径向锻造成形设备生产迈入新的阶段。但是由于技术、材料以及制造工艺方面的限制，我国大中型径向锻造设备的研发还任重而道远。

　　发展到今天，径向锻造的应用范围已经延伸到了更广的制造领域。例如，一辆汽车上有大约 50 个零件都可由径向锻造设备生产出来。除了顺应传统制造领域的工艺需求，径向锻造在另一热门领域——汽车轻量化成形技术方面的贡献也是功不可没。轻量化技术是一个浩大的工程，实现这个目的的方式通常有开发和应用轻量化的材料、优化和设计轻量化的结构以及应用能够实现轻量化的成形技术，径向锻造技术就是能够实现轻量化的成形技术，它除了可以一次性成形产品的内形和外形之外，还能增加管状制件的壁厚、提高产品的冷作硬化效果以及静动态强度。在汽车轻量化制造领域方面，径向锻造技术的优越性被淋漓尽致地表现出来。Twari 等人在制造汽车底盘吸振器管状活塞杆的时候将传统的实心坯料改为了低碳钢管，通过径向锻造制造出来的产品不仅可以实现完全的封闭这一要求，还实现减重 40%，显著地减少了汽车的油耗。生产软管接头管件的传统方法是车削加工后再进行焊接，通过径向锻造生产软管接头管件可以一次性成形各结构特征。通过径向锻造技术还能生产汽车全空心转向柱、半轴、齿轮轴以及驱动轴等重要的零部件，通过用相应牌号的钢管代替原来的实心坯料所生产出来的空心轴类零件可以显著提高材料利用率、减轻汽车自重，还能够简化生产工序，提高生产效率，并且在提高产品硬度、表面质量以及各项性能方面也有十分明显的优势。最后，径向锻造技术在材料连接方面的应用也在不断推进，它主要被用于软管接头以及钢丝绳接头的连接，以及焊接性能较差、不易结合界面的连接，例如钛合金以及超合金和铜的连接等。其连接方式主要是径向锻造对材料所施加的高频锻打使其发生均匀的缩颈变形，从而实现材料之间的相互连接。究其原理主要是使材料在变形时发生交互流动，因此连接的双方不受材料种类以及表面状态的限制。

3. 有限元方法模拟径向锻造成形工艺的研究进展

近年来随着计算机的普及和运行速度的不断提高，有限元技术在工程设计和分析中受到越来越广泛的重视，成为解决复杂工程分析和计算问题的有效途径。用计算机模拟金属塑性成形过程，采用的基本理论是塑性有限元法。塑性有限元法主要通过对金属塑性成形过程中的材料流动进行模拟，直观呈现材料在模具作用下的流动过程，根据对模拟结果的观察分析，对产品成形方案和模具结构参数进行相应改进，使坯料和模具具有合理的变形及受力状态，避免缺陷产生，以确保产品的质量和模具寿命等。利用有限元方法模拟产品径向锻造成形工艺，模拟实验方案，不仅可以减少试验次数，节约试验经费，加速产品投向市场，降低成本，而且可以在产品的设计开发阶段发现以后生产可能存在的潜在问题，从而更好地指导实际生产。

关于有限元方法模拟径向锻造成形工艺方面的研究在国外开始得比较早，且已取得一批成果。Sanjari 等利用上限法建立了关于径向锻造过程中塑性变形能、摩擦做功以及变形区金属的应变率之间的方程，并且分析了锤头入口角和摩擦系数等因素对中性面位置的影响。德国的 Paukert 基于有限单元法，针对径向锻造过程中金属的流动情况进行了分析，其研究结果表明：在径向锻造时，坯料存在一个两侧金属材料流动方向相反的区域，该结论与 Altan 的假设吻合较好。Ameli 利用非线性有限元软件 Abaqus 分析了精锻工艺参数对产品残余应力及锤头载荷的影响，结果发现轴向进给量对身管径向锻造成形残余应力的影响最大，且身管内侧的残余应力变化梯度较大。另外，Alneli 还发现摩擦系数的提高、锤头与身管接触面积的增大均会导致锻打力的增大，但锤头入口角的增大却会使得成形力减小。Alneli 研究的不足之处在于模拟时为了追求计算效率而采用了过大的进给速度，与实际工艺不符。P. Saidi 等利用有限元法，考虑摩擦系数、后推力、前拉力和模具进料角的影响，模拟计算不同工艺条件下管件径向锻造成形的应变场，并与试制结果进行对比，分析结果表明：在管件内的不均匀性是最大的，最小和最大有效应变出现在管内部厚度中心的位置，当增大锤头进料角、减小后推力和摩擦因子时，不均匀性会减小。2010年，美国密苏里理工大学的 Chen 等对大直径身管的热锻工艺进行了研究，区别于前人对称的二维或三维模型，Chen 针对锤头的结构建立了相应的不对称三维精锻模型，并以实际试验得到的金属材料在不同温度下的流变应力曲线作为材料模型，分析了身管在轴向和径向不同位置的等效塑性应变和残余应力情况。

国内在这方面已见刊的研究成果相对较少。武汉理工大学的韩星会等对轴类零件成形时径向锻造的压入量进行了分析讨论，得出在不同的径向压入量下，棒料的变形特征是有差别的，适当地增加锤头压入量，有利于消除棒料断面的凹坑以及双鼓形等缺陷。北京工业大学的荣莉等利用非线性有限元分析软件 MSC/Marc 对纯镁径向锻造变形过程进行模拟，讨论了锤头进料角对径向锻造变形应变场的影响，发现随锤头进料角增大，应变沿工件径向分布趋于均匀，当增大到某一值后，进料角的变化不再对应变分布产生影响；另外，总结出了预防两种常见径向锻造缺陷产生的方法，但是模拟的对象是实心的镁丝。上海交通大学的尹冠人等对薄壁管的径向锻造成形进行数值模拟，研究了径向锻造成形产品尺寸在不同摩擦条件下的区别，发现当摩擦因子取 0.3 时，模拟所得结果与实际试验结果吻合较好，但摩擦因素对径向锻造总的锻造载荷几乎没有影响。Zhang Qi 等利用 Forge 3D 模拟管件径向锻造过程，分析了无芯轴进料锻造、有芯轴进料锻造、无芯轴凹进锻造、有芯轴凹进锻造四种工艺下管件的金属流动和应力状态，发现在无芯轴进料锻造时，金属主要集中在下沉段的径向方向流动，在定径段金属流动很小，当添加一个芯轴时，金属在定径段的轴向流动速度变大；当应用凹进锻造法时，主要变形出现在锻造段，金属材料以较大的速度沿径向流动。Li Yong 等通过模拟和试验研究带有轴向内微沟槽的薄壁铜管的径向锻造成形，发现能获得规定轴向延伸率和径向收缩率的内沟槽，该槽被扭曲成为下沉段的螺纹线，材料沿轴向和切向流动，最大等效应力和应变发生在槽的底部，随着步骤的增加，等效应变增加并最终保持在一定值，等效应变变得更均匀，延伸率随着进给速度的增加而减小，等效应力、模具载荷、轴向推力随着收缩率的增加而增加，在低进给速度或收缩率为 50% 时，出现明显塌陷，表面质量变差。

第三节　数值模拟软件介绍

1. 常用体积成形数值模拟软件

对金属塑性成形工艺进行数值模拟，不仅可以预测出金属工件成形的直观过程，还能定量地给出与坯料变形相关的各物理量在工件或模具上的分布情况以及随时间的变化过程，帮助工程技术人员在无须做任何实际成形试验的情况下，来了解所设计的锻造工艺、模具结构、锻件坯料是否符合成形要求，如果不符合，可以快速地修改设计并重新输入软件再次模拟，直到达到要求为止。数值模拟技术的应用，可以极大地减少试验量，节省时间和材料，从而使新产品、新工艺的开发显著降低成本和缩短周期。正因为如此，成形数值模拟软件在全世界工程界都得到重视并逐步推广应用。已成功商品化的常用金属体积成形数值模拟软件有由美国 SFTC 公司研发的 Deform，法国的由世界数值模拟研讨大会的创始者 CEMEF（材料成型研究中心）开发的 Forge2011，以及 2007 年俄罗斯莫斯科钢铁合金学院研发推出的 Qform 等软件。Deform 软件包括 Deform2D 软件和 Deform3D 软件，是目前使用人数最多的体积成形模拟软件。针对体积成形，自从 Deform3D 诞生起，就很少用 Deform2D 来模拟，因为实际的产品都是具有一定厚度的体，通过 3D 模拟才能更接近实际工况。Deform3D 集成简单建模功能、成形模拟、热传导模拟以及常用成形设备特性等功能，普遍适用于提供热、温、冷成形的分析数据，其突出特点是具有强大的网格再划分功能，这是很多数值模拟软件无法比拟的。Qform 软件目前使用较多的是 Qform2D/

3D 4.3，这是一款专门针对锻造成形推出的数值模拟软件，目前的功能涵盖大部分锻造工艺的模拟，主要在俄罗斯、中国、德国等国家比较流行。Qform 软件的显著特点是可以进行超多模具模拟，多达 20 个，而且各模具可在任意方向上做平移和旋转运动；另外，Qform 的求解器不仅可以在双 CPU 或四核心电脑上进行并行运算，而且其程序会自动检测 CPU 数，当检测到多 CPU 时，能实现自动多 CPU 运算，节省运算时间。当然，使用者也可以根据自己的需求人工选择 CPU 数进行运算。Forge2011 是基于有限元方法建立的软件，包括 2D 和 3D 模块，可以实现模拟锻造生产的整个过程，包括下料、辊锻、横轧、碾环、锻造、切边、淬火以及晶粒形成等工艺模拟。Forge2011 不仅可以从软件外部导入利用行业绘图软件绘制的 DXF、STL、STEP 等格式的几何模型，还可以利用软件本身自带的造型功能建立简单几何体。软件拥有稳定的自动网格生成和网格再生能力，且特别方便进行局部网格划分，尤其适用于较复杂几何体的网格划分。在材料方面，Forge2011 内置有比大多数同类软件多得多的准确材料模型，并且也支持外部材料数据导入和材料计算软件的接口，可以自建新材料模型。此外，软件自带有常见的传热和摩擦模型，各材料模型、摩擦模型以及传热模型都是以文本格式存储在软件默认目录，使用者可以根据实际需求进行选择和修改，大大扩大了软件的适用范围。Forge 的并行计算功能非常强大，可以支持多达 128 位 CPU 的并行计算分析，大大节约时间，提高模拟效率，从而使得其计算速度是 Deform、Qform、Forge 三者中最快的。

利用 Deform、Forge、Qform、Simufact 等类似软件进行分析计算时，大体思路基本相同，主要都是分为前处理、模拟计算、后处理三个阶段。使用者可以根据自己的要求和自己对软件的熟悉程度，选择能满足实际需求的软件。本书汽车空心轴的径向锻造成形对模具动作要求较高，模具数目较多，且坯料变形大，选择 Forge2011 和 Simufact 来作为仿真软件对空心轴径向锻造工艺进行 CAE 分析。

2. Forge 软件操作流程

Forge2011 的启动界面如图 2-3 所示，主要包括前处理、计算、后处理、设定、帮助五大部分。Forge 软件的一般操作流程为创建新工程→导入几何模型→模拟相关的性质、参数设定→检查→分析计算→后处理。具体为先在启动界面前处理部分新建工程，选好存储位置、工艺类型，进入图 2-4 所示的主界面。在主界面左下角的对象一栏里选择对象，导入相应的几何模型，合理进行网格划分，对模具和材料进行准确定位，然后

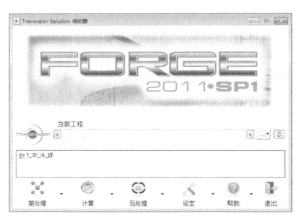

图 2-3　Forge2011 启动界面

选择设定材质、温度、摩擦条件以及热交换等性质，转换到属性一栏，进行设备选定以及分析参数等的设定，全部设置好之后可以进行动作预览，初步检查设置正误，确定模具动作正确后进行文件保存，进一步检查设置是否正确，若无提示异常且人工检查亦无错误，即可以选择刚刚保存的文件运行程序，进行计算模拟，最后进入后处理界面根据需要对模拟结果进行分析。

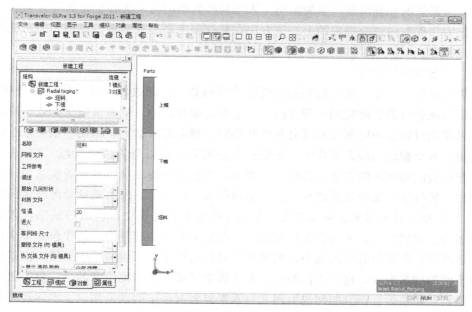

图 2-4　Forge2011 软件的主界面

第四节　数值模拟常用优化方法

由于影响空心轴成形的因素较多，且各因素对成形结果有协同作用，对比研究单一因素对成形质量的影响，不足以正确反应各个参数对成形质量的综合作用，更无法得到优参数组合。基于此种考虑，选择一种相对科学合理又省时的实验优化方法尤为重要。常用的优化方法有：

（1）遗传算法

该方法最初是用来研究生物系统的，在此基础上，经过美国的 Holland 教授等人的进一步研究，得到了一种适合复杂系统优化的自适应概率优化技术，即遗传算法。该方法兴起于 20 世纪 70 年代，在 20 世纪 80 年代得到快速发展，于 20 世纪 90 年代达到发展高潮阶段，是一种高效、合理、鲁棒性强的优化技术，广泛应用于工程技术、科学计算等领域。

（2）神经网络法

人工神经网络类似于人的大脑，神经元是神经网络的基本组成单元，在结构上和处理顺序上都具有并行的特性，处于同一层内的神经网络的处理单元都是同时运行的，从而神经网络的计算能力分散分布在多个处理单元上。通常我们生活中所用的计算机，只有一个处理单元，并以串行的顺序来自行运算处理。在存储方式上，区别于计算机中一个地址对应于一组信息或数据，神经网络的信息、知识并不指定存储于特定的存储单元中，而是整个系统中都有分布，自然而然，当要存储多组信息数据时，相对应地就需要很多连接。正因为如此，使得神经网络具有比计算机强得多的硬件损坏承受能力，即神经网络具备从不完善的图形和数据中进行学习并作出决定的能力，且当部分节点不参与计算时，也不至于会导致整个系统的性能出现严重的影响。人工神经网络的另一大特性是具有很强的外部环境适应能力和优秀的综合推理能力。该方法在复杂程度高、变量多、规模大的系统控制中应用得比较多。

（3）正交试验设计法

亦被简称为正交试验法，是利用数理统计学的知识，通过正交表这样一种表格工具，对多因素问题进行分析研究的一种方法。其优点是操作简单，试验次数少，效率高，效果好，可以用相对较少的时间完成研究分析并得到合理满意的结果，因此，正交试验设计法广泛应用于各个领域的研究工作中。正交试验法的发展可以分为两个阶段。在 1949 年以前的正交试验法为传统的正交试验法。二战后，为恢复经济发展，日本对实验设计的方法非常重视，故将正交试验设计法从美、英等国引入，作为日本国内质量管理技术的重要部分。在 1949 年，日本研究人员田口玄一发现并改进了传统正交试验法的缺陷，创建了现在所常用的正交试验法，并很快推广和应用。在复杂的实践问题中，往往包含多个影响因素。因素即指在所要研究的问题中，被考察的对试验结果有影响的一些条件。因素通常会有多种不同的状态形式，这些不同的状态称为因素的水平。值得注意的是，每个因素与不同水平是相互联系的，而且如何选取因素与水平需要有一定的理论知识、实际经验作为支撑。正交表是正交试验设计方法中进行试验安排以及对结果进行分析的基本工具，是基于正交原理设计的，已进行规范化处理的表格，常被分为以下两种：

① 等水平正交表，即各因素的水平数完全相同的正交表。通常采用如下符号表示：

$$L_n(r^m) \tag{2-1}$$

其中，L 表示正交表的代号；n 表示正交表的行数，即需要做的实验次数；r 表示因素的水平数；m 表示正交表的列数，即最多能安排的因素个数。等水平正交试验表具有两个比较重要的特点：

a. 表中任何一列，不同的数字出现的次数是一样的，说明单个因素的任意一个水平都会重复相同的次数。

b. 表中任两列，如果把处于相同行的两个数字看成有序数字对，则所有可能的数字对出现的次数是完全一样的。

以上两点合称为"正交性"，正因为等水平正交表的正交性，使得所有在试验范围内的试验点都具有排列整齐、分布均匀的特性。

② 混合水平正交表，即各因素的水平数不完全一样的正交表。主要应用于当实际的科学研究中，由于条件限制，有时某些因素不能多取水平，或某些因素需要重点考察又要多取一些水平的情况。混合水平正交表也有两个重要的性质，性质一与等水平正交表一样，另一个性质为，每两列中同行两个数字组成的各种不同的水平搭配出现的次数是相同的，但不同的两列间所组成的水平搭配种类及出现次数是不完全一样的。

正交试验设计方法具有以下三个优点：能在所有实验方案中均匀地挑选出代表性强的少数试验方案；通过对少数试验方案的试验结果进行统计分析，可以选择出较优的方案；对试验结果的进一步分析，可以得到更多试验结果之外的有用信息。

基于径向锻造空心轴的多因素、多试验次数等复杂实际情况，结合以上三种常用优化分析方法的对比，本书将采用正交试验设计方法，对重点参数对汽车空心轴径向锻造成形的影响进行优化分析。

第三章

径向锻造模拟理论基础

第一节　金属的流动

径向锻造时模具的形状和径向锻造的类型都会影响材料的流动，以图 3-1 坯料进料式径向锻造为例。①一方面，在径向锻造变形时材料在变形力的作用下将沿着轴向流动，还会在力的作用下沿着径向流动（E）从而使横截面增加，但是这种径向流动会受到锤头模具内腔形状以及后角结构的限制。②由于径向锻造的锤头模具为圆锥形喇叭口结构，因此材料在受力变形过程中会出现沿轴向进料方向相反方向流动的情况，在某些特定条件下甚至会出现材料反流量（C）大于顺流量（D）的情况。③由于模具在成形过程中同时进行锻打和开合两种运动，并伴随着坯料的运动，在闭合时两者接触产生的摩擦力会带动坯料绕自身轴线做回转运动，如果坯料在送进模具内与模具工作面接触时处于绝对静止状态就会产生毛边并引起圆度误差。

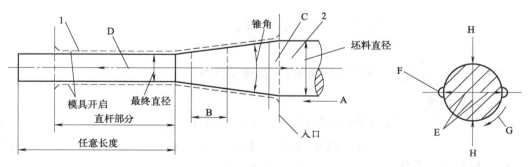

图 3-1　径向锻造时棒料的金属流动

A—坯料进给方向；B—轴向进给量；C—材料变形后沿轴向的反流长度；D—材料变形后沿轴向的顺流长度；
E—材料变形后沿径向的流动长度；F—毛边；G—受力被动旋转方向；H—锻打方向；1—模具工作面；2—坯料

第二节　材料刚黏塑性有限元理论

1. 材料变形过程的基本假设

一般而言，材料的变形过程都包含了线性和非线性两个复杂的问题，除此之外材料自身条件等一系列的因素也会影响其变形过程。随着科学技术研究方式和手段的日新月异，以电脑信息技术为基础的有限元分析手段诞生，使得科学家对材料变形过程的研究变得更加精准高效。一般情况下，材料的变形可以分为板料变形和体积变形两种，本课题中主要涉及材料的体积变形方面，发生这种变形时材料的变形量较大，且材料的塑性变形大于弹性变形，所以在对材料发生体积变形过程进行理论研究时常常忽略材料的弹性变形部分，以便于研究和计算，这就被称为刚塑性或刚黏塑性模型。在采用这些模型分析材料变形过程时，需要作如下假设：

① 材料在变形过程中体积不会由于受力而变化，即体积具有不可压缩性，即：$\delta_{ij} \mathrm{d}\varepsilon_{ij} = 0$；

② 材料是均质的且满足各向同性；

③ 在变形过程中忽略材料的弹性变形；

④ 在变形过程中不考虑体积力对成形的影响；

⑤ 在变形过程中材料遵循 Mises 屈服准则和 Levy-Mises 流动理论；

⑥ 在变形过程中变形材料同时存在应变速率强化与应变强化。

2. 材料刚黏塑性的基本方程

虽然采用了简化的分析模型，但材料的塑性变形过程还是需要遵循以下方程：

（1）平衡微分方程

$$\sigma_{ij,j} = 0 \tag{3-1}$$

（2）几何协调方程（应变率-位移）

$$\dot{\varepsilon}_{ij} = \frac{1}{2}(u_{i,j} + u_{j,i}) \tag{3-2}$$

（3）本构方程（应力-应变率）

$$\sigma'_{ij} = \frac{2\bar{\sigma}}{3\dot{\bar{\varepsilon}}}\dot{\varepsilon}_{ij} \tag{3-3}$$

式中，$\dot{\bar{\varepsilon}} = \sqrt{\dfrac{2}{3}\dot{\varepsilon}_{ij}\dot{\varepsilon}_{ij}}$ 为等效应变率；$\bar{\sigma}$ 为流动应力。

（4）边界条件

① 力学边界条件：在力面 s_F 上有，$\sigma_{ij}n_j = T_i^0$ $\tag{3-4}$

② 在速度边界：在速度面 s_u 上，$v_i = v_i^0$ $\tag{3-5}$

（5）体积不变条件

$$\dot{\varepsilon}_v = \dot{\varepsilon}_{ij}\delta_{ij} = 0 \tag{3-6}$$

（6）Mises 屈服准则

$$\frac{1}{2}\sigma'_{ij}\sigma'_{ij}=k^2 \tag{3-7}$$

式中，$k=\dfrac{\bar{\sigma}}{\sqrt{3}}$，对于理想刚塑性材料而言，$k$ 为常数。

3. 材料黏塑性变分原理

刚黏塑性变形的边界条件为：将某时刻材料的各个参数等设为瞬时对应值，材料表面 S_v 上的速度设为 $\underset{\sim}{v}{}^0$，表面 S_T 上的表面力设为 T^0，则材料的速度场和应力场满足平衡方程、协调方程以及体积不变方程的基本准则。在利用黏塑性材料变分原理求解材料在变形过程中的边界问题时，将把 $\dot{\varepsilon}{}^{vp}_{ij}$ 记为 $\dot{\varepsilon}_{ij}$，若 ε'_{ij} 是 $\dot{\varepsilon}_{ij}$ 的单值函数，根据黏塑性材料变分原理理论和关系式 $\dfrac{\partial\sigma'_{ij}}{\partial\dot{\varepsilon}_{ij}}=\dfrac{\partial\sigma'_{kl}}{\partial\dot{\varepsilon}_{ij}}$，则存在一个关于 $\dot{\varepsilon}_{ij}$ 的函数 E，使得 $\sigma'_{ij}=\dfrac{\partial E}{\partial\dot{\varepsilon}_{ij}}$，式中函数 $E(\dot{\varepsilon}_{ij})$ 称为功函数，可以通过式（3-8）计算：

$$E(\dot{\varepsilon}_{ij})=\int_0^{\dot{\varepsilon}_{ij}}\sigma'_{ij}\mathrm{d}\dot{\varepsilon}_{ij}=\int_0^{\dot{\bar{\varepsilon}}}\bar{\sigma}\mathrm{d}\dot{\bar{\varepsilon}} \tag{3-8}$$

黏塑性材料变分原理表明，如果 E 满足关系式 $E(\underset{\sim}{\dot{\varepsilon}}{}^*)-E(\underset{\sim}{\dot{\varepsilon}})\geqslant(\dot{\varepsilon}{}^*_{ij}-\dot{\varepsilon}_{ij})\dfrac{\partial E}{\partial\dot{\varepsilon}_{ij}}$，则 E 的函数是外凸函数，当忽略体积力时，下述关系成立：

$$\int_V E(\underset{\sim}{\dot{\varepsilon}}{}^*)\mathrm{d}V-\int_{S_T}T^T\underset{\sim}{v}{}^*\mathrm{d}S\geqslant\int_V E(\underset{\sim}{\dot{\varepsilon}})\mathrm{d}V-\int_{S_T}T^T\underset{\sim}{v}\mathrm{d}S \tag{3-9}$$

其中，$\underset{\sim}{\dot{\varepsilon}}$ 和 $\underset{\sim}{v}$ 分别是应变率和速度场的真解，带"*"为容许值。

由变分原理可求解泛函数 $\Pi=\displaystyle\int_V E(\underset{\sim}{\dot{\varepsilon}})\mathrm{d}V-\int_{S_T}T^T\underset{\sim}{v}\mathrm{d}S$ 中容许速度场的极小值。

4. 刚黏塑性有限元变分原理

采用有限元分析法对材料的变形过程进行分析时可以采用变分原理，通过变分原理可以对变形体进行离散化处理，其计算结果将会更加真实准确。Markov 变分原理是刚黏塑性材料数值求解过程的基础，其核心是将变形体表面积和体积分别设为 S 和 V，速度面 S_u 上的速度为 u_i，力面 S_F 上的面力为 F_i，当满足上述体积条件和速度边界条件时，可以求得使下列泛函取极小值的速度场为真实速度场。

$$\Pi=\int_V E(\dot{\varepsilon}_{ij})\mathrm{d}V-\int_{S_F}F_iV_i\mathrm{d}S \tag{3-10}$$

其中，$E(\dot{\varepsilon}_{ij})=\displaystyle\int_0^{\dot{\bar{\varepsilon}}}\bar{\sigma}\mathrm{d}S$ 为功函数。

在应用这一变分原理求解问题时，需要引入一定的体积不变条件作为约束，体积不变条件的引入有以下两种方法：

应用拉格朗日乘子法在原泛函引入拉格朗日乘子 λ，得到新泛函为：

$$\Pi=\int_V\bar{\sigma}\dot{\bar{\varepsilon}}\mathrm{d}V-\int_{S_F}F_iV_i\mathrm{d}S+\int_V\lambda\dot{\varepsilon}_{ij}\delta_{ij}\mathrm{d}V \tag{3-11}$$

采用罚函数法构造的泛函为：

$$\Pi = \int_V \bar{\sigma} \dot{\bar{\varepsilon}} \mathrm{d}V - \int_{S_F} F_i V_i \mathrm{d}S + \frac{\alpha}{2} \int_V (\dot{\varepsilon}_{ij} \delta_{ij})^2 \mathrm{d}V \qquad (3\text{-}12)$$

式中，α 为惩罚因子。

第三节　径向锻造过程解析

1. 空心轴变形区域划分

图 3-2 为空心轴径向锻造示意图，其中锤头的压入角为不同方向的复合角。

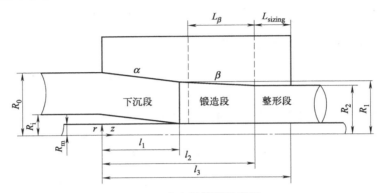

图 3-2　空心轴精锻示意图

已知尺寸有：R_0，R_i，R_2，R_m，L_β，L_{sizing}，α，β

主要几何关系有：

$$l_1 = (R_i - R_m)/\tan\alpha$$
$$l_2 = l_1 + (R_i - R_m)/\tan\beta$$
$$l_3 = l_2 + L_{sizing}$$
$$R_1 = R_m + R_0 - R_i$$

将空心轴径向锻造过程中变形区域分为三个部分——下沉段，锻造段和整形段。使用主应力法建立各个区域的应力平衡方程，相应假设如下：

① 空心轴材料为理想刚塑性模型，不考虑材料冷作硬化及应变率对流变应力的影响。

② 空心轴下沉段在锻打过程中厚度保持不变。

③ 摩擦模型采用剪切摩擦模型，即轴与锤头、芯轴之间的摩擦力大小与空心轴金属材料的剪切屈服强度成正比。

空心轴径向锻造过程变形区各方程中的变量意义：

R_0：毛坯外径（mm）；

R_i：毛坯内径（mm）；

R_m：芯轴线膛部分外径（mm）；

α：锤头下沉段压入角（°）；

β：锤头锻造段压入角（°）；

L_{sizing}：锤头整形段长度（mm）；

L_{β}：锤头压入角为 β 的锻造段长度（mm）；

L_0：空心轴毛坯长度（mm）；

L_0'：空心轴锻件长度（mm）；

R_1：下沉段与锻造段过渡位置外径（mm）；

R_2：锻件外径（mm）；

l_1：下沉段长度（mm）；

l_2：下沉段与锻造段长度总和（mm）；

l_3：下沉段，锻造段与整形段长度总和（mm）；

z：微元距下沉段入口处距离（mm）；

t_0：毛坯厚度（mm）；

t_1：锻件厚度（mm）；

R：变形后微元外径（mm）；

A：变形后微元圆周截面积（mm^2）；

R_S：变形前微元外径（mm）；

A_S：变形前微元圆周截面积（mm^2）；

A_1：圆心角为 $2\beta_0$ 的圆环面积（mm^2）；

σ_1：下沉段微元轴向应力（平行于锤头锻压面）(MPa)；

σ_3：下沉段微元周向应力（MPa）；

σ_z：锻造段、整形段微元轴向应力（MPa）；

P_U：锤头锻压面法向接触压强（MPa）；

P_L：芯轴法向接触压强（MPa）；

m_1：锤头与空心轴间剪切摩擦系数；

m_2：芯轴与空心轴间剪切摩擦系数；

k：材料纯剪切屈服强度（MPa）；

σ_s：材料单向拉伸屈服强度（MPa）；

v：径向锻造过程进给速度（mm/min）；

t：锤头初始接触空心轴至锤头下压量达到最大值时时间（ms）；

t_c：锤头初始接触空心轴时间（ms）；

T：锤头运动周期（ms）；

ω：锤头运动角频率；

A_0：控制头运动的偏心轴偏心距（mm）；

L_1：单次锻打过程中挡块在 t 时间内运动位移（mm）；

L_2：单次锻打过程中毛坯进给量（mm）；

L_3：单次锻打过程中毛坯未成形端运动位移（mm）；

e：锤头初始接触空心轴至下压量达到最大值时径向移动距离（mm）；

d_S：微元轴向移动距离（mm）；

V_1：单次锻打过程中挡块在 t 时间内前进位移部分金属材料体积（mm^3）；

V_2：单次锻打过程中变形金属材料体积（mm³）；

V_3：单次锻打过程中空心轴未成形端运动位移部分金属材料体积（mm³）；

ε_z：微元轴向应变；

ε_r：微元径向应变；

ε_θ：微元周向应变；

ε_e：微元等效塑性应变。

2. 各区域应力方程求解

（1）下沉段应力方程求解：

图 3-3 为下沉段应力分析示意图。

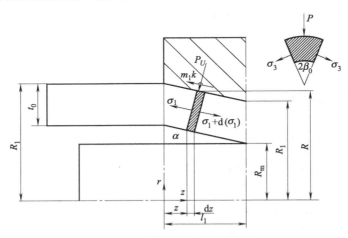

图 3-3　下沉段应力分析示意图

各区域几何关系：

$$A=\pi[R^2-(R-t_0\cos\alpha)^2]/\cos\alpha=\pi(2Rt_0-t_0^2\cos\alpha)=\pi t_0(2R-t_0\cos\alpha)$$
$$d(A)=2\pi t_0 dR$$

锤头运动方程为：

$$y=3.5\sin(0.07121t)\text{（单位 mm,ms）}\quad y''=-0.01775\sin(0.07121t)$$

估算空心轴竖直方向的惯性力：

$$F\approx20\times17.75=355\text{N}$$

考虑到锤头的锻打力超过 100kN，远远超过了空心轴的惯性力，因此不考虑惯性力的影响，由微元水平方向平衡有：

$$\sigma_1 A\cos\alpha+m_1k\cdot2\pi R\,\frac{dz}{\cos\alpha}\cdot\cos\alpha+P_U\cdot2\pi R\,\frac{dz}{\cos\alpha}\cdot\sin\alpha=\sigma_1+d\sigma_1(A+dA)\cos\alpha$$

$$m_1k2\pi R\,dz+P_U\cdot2\pi R\,\frac{dz}{\cos\alpha}\cdot\tan\alpha=\cos\alpha(d\sigma_1\cdot A+\sigma_1 dA+d\sigma_1\cdot dA)$$

忽略高阶小量的乘积 $d\sigma_1\cdot dA$，且 $(d\sigma_1\cdot A)=d\sigma_1\cdot A+\sigma_1 dA$，上式可以化简为：

$$d(\sigma_1\cdot A)=2\pi R\,dz\cdot(m_1k+P_U\cdot\tan\alpha)/\cos\alpha \tag{3-13}$$

微元径向平衡方程求解：

由于微元在径向所受力较多，这里先将各个力一一列出：

锻打力在径向的分力为：

$$P_U \cdot 2\beta_0 R \cdot \frac{\mathrm{d}z}{\cos\alpha} \cdot \cos\alpha$$

剪切摩擦力在径向的分力：

$$m_1 k \cdot 2\beta_0 R \cdot \frac{\mathrm{d}z}{\cos\alpha} \cdot \sin\alpha$$

主应力 σ_1 在径向的分力：

$$(\sigma_1 + \mathrm{d}\sigma_1)[A_1 + \mathrm{d}(A_1)]\sin\alpha - \sigma_1 A_1 \sin\alpha$$
$$A_1 = \beta_0 t_0 (2R - t_0 \cos\alpha)$$
$$\mathrm{d}(A_1) = \mathrm{d}[\beta_0 t_0 (2R - t_0 \cos\alpha)] = 2\beta_0 t_0 \mathrm{d}R$$

化简有：

$$\mathrm{d}(\sigma_1 A_1)\sin\alpha$$

考虑到：

$$\mathrm{d}(\sigma_1 \cdot A) = 2\pi R \mathrm{d}z \cdot (m_1 k + P_U \cdot \tan\alpha)/\cos\alpha$$

类比：

$$\mathrm{d}(\sigma_1 A_1)\sin\alpha = 2\beta_0 R \mathrm{d}z \cdot (m_1 k + P_U \cdot \tan\alpha)/\tan\alpha$$

主应力 σ_3 在径向的分力：

$$2\sigma_3 \frac{\mathrm{d}z}{\cos\alpha} t_0 \sin\beta_0$$

写出平衡方程：

$$P_U \cdot 2\beta_0 R \cdot \frac{\mathrm{d}z}{\cos\alpha} \cdot \cos\alpha + 2\sigma_3 \frac{\mathrm{d}z}{\cos\alpha} t_0 \sin\beta_0 + 2\beta_0 R \cdot \mathrm{d}z (m_1 k + P_U \cdot \tan\alpha)/\tan\alpha$$

$$= m_1 k \cdot 2\beta_0 R \frac{\mathrm{d}z}{\cos\alpha}\sin\alpha$$

由于微元中 $\beta_0 \rightarrow 0$，因此有 $\sin\beta_0 \rightarrow \beta_0$。

化简有：

$$P_U R(1 + \tan^2\alpha)\cos\alpha + \sigma_3 t_0 = 0$$

由于：

$$1 + \tan^2\alpha = \frac{1}{\cos^2\alpha}$$

$$P_U = -\frac{\sigma_3 t_0 \cos\alpha}{R} \tag{3-14}$$

采用 Tresca 屈服准则：

$$\sigma_1 - \sigma_3 = \sigma_s$$

对于多数材料而言，金属的纯剪切屈服强度 k 与单向拉伸屈服强度 σ_s 满足关系：

$$k = \sigma_s/\sqrt{3}$$

将上式代入 (3-13) 有：

$$\mathrm{d}(\sigma_1)\pi t_0 (2R - t_0 \cos\alpha) + \sigma_1 \cdot 2\pi t_0 \mathrm{d}R = 2\pi R \mathrm{d}z \cdot (m_1 k + P_U \cdot \tan\alpha)/\cos\alpha$$

将 $\mathrm{d}z = -\dfrac{\mathrm{d}R}{\tan\alpha}$，$P_U = -\dfrac{\sigma_3 t_0 \cos\alpha}{R}$，$\sigma_1 - \sigma_3 = \sigma_s$ 代入上式：

$$\mathrm{d}(\sigma_1)\pi t_0 (2R - t_0 \cos\alpha) + \sigma_1 \cdot 2\pi t_0 \mathrm{d}R = 2\pi\sigma_1 t_0 \mathrm{d}R - 2\pi R m_1 \frac{\sigma_s}{\sqrt{3}} \times \frac{\mathrm{d}R}{\sin\alpha}$$

$$\frac{d(\sigma_1)}{dR} + \frac{2\sigma_s\left(t_0 + \dfrac{m_1 R}{\sqrt{3}\sin\alpha}\right)}{t_0(2R - t_0\cos\alpha)} = 0 \quad (R_1 \leqslant R \leqslant R_0) \tag{3-15}$$

径向锻打压强：

$$P = P_U \cdot \cos\alpha = -\frac{\sigma_3 t_0 \cos^3\alpha}{R} = (\sigma_s - \sigma_1)\frac{t_0\cos^2\alpha}{R} \tag{3-16}$$

下沉段径向锻打力：

$$F = \int_0^{l_1} (P \cdot 2\pi R)\,dz \tag{3-17}$$

下沉段锻打力轴向分力：

$$F_z = \int_0^{l_1} (-P\tan\alpha \cdot 2\pi R)\,dz \tag{3-18}$$

下沉段空心轴与锤头间摩擦力轴向分力：

$$Ff_z = \int_0^{l_1} (-m_1 k\cos\alpha \cdot 2\pi R)\,dz \tag{3-19}$$

下沉段空心轴与心轴间摩擦力轴向分力：

$$f_z = 0 \tag{3-20}$$

（2）锻造段应力方程求解

锻造段应力分析示意图如图 3-4 所示。

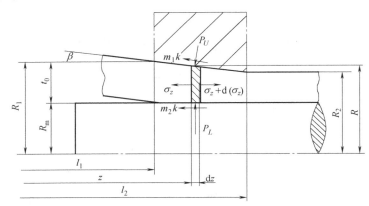

图 3-4 锻造段应力分析示意图

选取微元截面积：$A = \pi(R^2 - R_m^2)$

$$dA = 2\pi R\,dR$$

$$dR = -dz \cdot \tan\beta$$

微元分水平方向平衡：

$$\sigma_z A + m_1 k \cdot 2\pi R \frac{dz}{\cos\beta} \cdot \cos\beta + P_U \cdot 2\pi R \frac{dz}{\cos\beta} \cdot \sin\beta + m_2 k \cdot 2\pi R_m dz = (\sigma_z + d\sigma_z)(A + dA)$$

化简得：

$$d(\sigma_z A) = 2\pi(m_1 kR + P_U \cdot R\tan\beta + m_2 kR_m)\,dz \tag{3-21}$$

径向锻造过程中的锻压段的应力状态属于平面应变问题，其力学模型与镦粗模型较为相近，因此这里我们可以近似计算径向压应力大小：

$$P_L = \left(P_U \cdot z \frac{dz}{\cos\beta} - m_1 k \cdot z \frac{dz}{\cos\beta} \cdot \sin\beta\right)\Big/(z \cdot dz) = P_U - m_1 k\tan\beta$$

$$\sigma_r = -P_L = -(P_U - m_1 k \tan\beta) \tag{3-22}$$

与轴向应力 σ_z、径向压应力 σ_r 相比，锻压段的周向应力 σ_θ 较小，这里 Tresca 屈服条件可以表示为：$\sigma_z - \sigma_r = \sigma_\theta$。

$$d\sigma_z \cdot \pi(R^2 - R_m^2) + \sigma_z \cdot 2\pi R \cdot dR = 2\pi(m_1 kR + P_U \cdot R\tan\beta + m_2 kR_m)\left(-\frac{dR}{\tan\beta}\right)$$

将 $P_U = P_L + m_1 k\tan\beta = \sigma_s - \sigma_z + m_1 k\tan\beta$、$k = \sigma_s/\sqrt{3}$ 代入并化简有：

$$\frac{d\sigma_z}{dR} = -\frac{2m_2\sigma_s R_m}{\sqrt{3}\tan\beta} \times \frac{1}{R^2 - R_m^2} - \frac{2m_1\sigma_s R(1+\tan^2\beta) + 2\sqrt{3}\tan\beta}{\sqrt{3}\tan\beta} \times \frac{R}{R^2 - R_m^2} \tag{3-23}$$

锻造段径向锻打力：

$$F = \int_{l_1}^{l_2} (P_L \cdot 2\pi R) dz \tag{3-24}$$

锻造段锻打力轴向分力：

$$F_z = \int_{l_1}^{l_2} (-P_U \tan\beta \cdot 2\pi R) dz \tag{3-25}$$

锻造段空心轴与锤头间摩擦力轴向分力：

$$Ff_z = \int_{l_1}^{l_2} (-m_1 k\cos\alpha \cdot 2\pi R) dz \tag{3-26}$$

锻造段空心轴与芯轴间摩擦力轴向分力：

$$f_z = \int_{l_1}^{l_2} (-m_2 k \cdot 2\pi R) dz \tag{3-27}$$

（3）整形段应力方程求解

整形段应力分析示意图如图 3-5 所示。

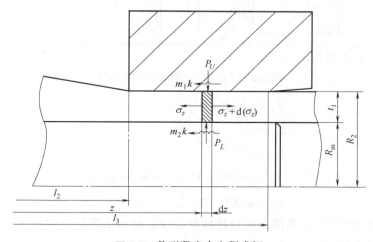

图 3-5 整形段应力方程求解

在整形段取微元 dz，几何关系：

$$A = \pi(R_2^2 - R_m^2) = \pi(R_2 + R_m)t_1$$

$$dA = 0$$

微元轴向平衡：

$$\sigma_z A + m_1 k \cdot 2\pi R_2 dz + m_2 k \cdot 2\pi R_m dz = (\sigma_z + d\sigma_z)A$$

化简：

$$\frac{\mathrm{d}\sigma_z}{\mathrm{d}z}=\frac{2\sigma_s(m_1R_2+m_2R_m)}{\sqrt{3}(R_2+R_m)t_1}(l_2\leqslant z\leqslant l_3) \tag{3-28}$$

整形段的径向压应力 σ_r 满足关系 $\sigma_z-\sigma_r=\sigma_\theta$。

整形段径向锻打力：

$$F=\int_{l_2}^{l_3}[(\sigma_s-\sigma_z)\cdot2\pi R_2]\mathrm{d}z \tag{3-29}$$

整形段锻打力轴向分力：

$$F_z=0 \tag{3-30}$$

整形段空心轴与锤头间摩擦力轴向分力：

$$Ff_z=\int_{l_2}^{l_3}(-m_1k\cdot2\pi R_2)\mathrm{d}z \tag{3-31}$$

整形段空心轴与芯轴间摩擦力轴向分力：

$$f_z=\int_{l_2}^{l_3}(-m_2k\cdot2\pi R)\mathrm{d}z \tag{3-32}$$

3. 锻造过程变形分析

空心轴径向锻造过程金属材料变形示意图如图 3-6 所示。

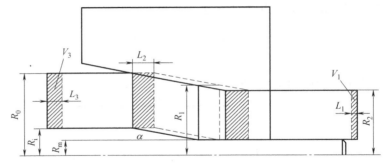

图 3-6 空心轴径向锻造变形示意图

$$V_1=\pi(R_2^2-R_m^2)L_1$$

$$L_1=vt$$

$$L_2=vT$$

$$V_2=[\pi(R_0^2-R_i^2)-\pi(R_2^2-R_m^2)]L_2$$

$$V_3=\pi(R_0^2-R_i^2)L_3$$

这里值得注意的是，t 为锤头初始接触空心轴至锤头下压量达到最大值时的时间，该时间计算过程如下所示。

锤头的运动方程为：

$$y=A_0\sin(\omega t)$$

式中，A_0 为锤头最大下压量；$\omega=\dfrac{2\pi}{T}$，T 为锤头运动周期。

锤头初始接触空心轴时有：

$$A\sin(\omega t_c)=A-L_2\tan\alpha$$

$$t_c = T \cdot \arcsin\left(1 - \frac{L_2 \tan\alpha}{A}\right) / 2\pi, \quad 则 \quad t = \frac{T}{4} - t_c$$

考虑到材料在变形过程中体积保持不变，则：

$$V_3 = V_2 - V_1$$

$$\pi(R_0^2 - R_i^2)L_3 = L_2\pi[R_0^2 - R_i^2 - (R_2^2 - R_m^2)] - \pi(R_2^2 - R_m^2)L_1$$

$$L_3 = \frac{L_2[R_0^2 - R_i^2 - (R_2^2 - R_m^2)] - (R_2^2 - R_m^2)L_1}{R_0^2 - R_i^2}$$

空心轴精锻结束后锻件长度 $\qquad L_0' = \dfrac{L_0(R_0^2 - R_i^2)}{R_2^2 - R_m^2}$ $\qquad\qquad$ (3-33)

4．各区域应变方程求解

应变求解过程中主要求解单次锻打过程中的应变，忽略应变的累加效果。

（1）下沉段应变方程求解

空心轴径向锻造过程下沉段应变分析示意图如图 3-7 所示。

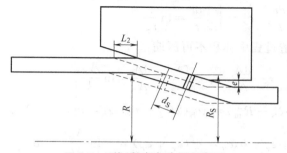

图 3-7 下沉段应变分析示意图

$$R = R_S - e + d_S \cdot \sin\alpha$$

$$A_S = \pi t_0 (2R_S - t_0 \cos\alpha)$$

$$A_0 = \pi t_0 (2R - t_0 \cos\alpha)$$

$$\mathrm{d}\varepsilon_z = -\frac{\mathrm{d}A}{A}$$

$$\varepsilon_z = \int_{A_S}^A -\frac{\mathrm{d}A}{A} = \ln\frac{A_S}{A}$$

$$\varepsilon_r = 0$$

$$\varepsilon_z + \varepsilon_\theta + \varepsilon_r = 0$$

在一般的金属成形分析中，我们通常使用等效塑性应变来表征材料进入塑性变形的程度。

$$\varepsilon_e = \sqrt{\frac{2}{3}(\varepsilon_z^2 + \varepsilon_\theta^2 + \varepsilon_r^2)} = \frac{2}{\sqrt{3}}\varepsilon_z$$

（2）锻造段应变方程求解

锻造段中性面两侧的金属材料流向不同，因此需要对中性面两侧的金属应变分别计算。定义：$t_S = R_S - R_m$，$t = R - R_m$

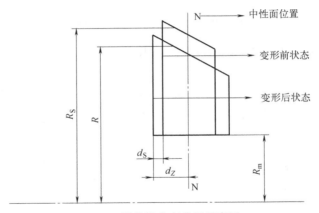

图 3-8 锻造段应变分析示意图

① 锻造段区域中性面左侧（偏向于未成形段）的应变。

$$R = R_S - e + d_S \cdot \tan\alpha$$

径向应变：$d\varepsilon_z = \dfrac{dt}{t}$，$\varepsilon_r = \displaystyle\int_{t_S}^{t} \dfrac{dt}{t} = \ln\dfrac{t}{t_S}$

考虑到微元在锻造过程中体积不可压缩：

$$d\varepsilon_z = \frac{dL}{L} = -\frac{dA}{A}, \ \varepsilon_z = \int_{A_S}^{A} -\frac{dA}{A} = \ln\frac{A_S}{A}$$

$$A_S = \pi(R_S^2 - R_m^2) = \pi t_S(2R_S - t_S), A = \pi(R^2 - R_m^2) = \pi t(2R - t)$$

$$\varepsilon_z + \varepsilon_\theta + \varepsilon_r = 0, \varepsilon_\theta = -(\varepsilon_z + \varepsilon_r) = -\ln\frac{A_S t}{A t_S} = \ln\frac{2R - t}{2R_S - t_S}$$

$$\varepsilon_e = \sqrt{\frac{2}{3}(\varepsilon_z^2 + \varepsilon_\theta^2 + \varepsilon_r^2)}$$

② 锻造段区域中性面右侧（偏向于已成形段）的应变。

与锻造段区域中性面左侧相同。

③ 整形段应力方程求解。考虑到整形段不存在明显的金属变形，因此整形段对应的金属应变可以看作 0。

第四章

汽车空心半轴
径向锻造

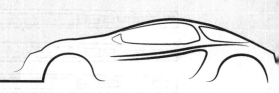

第一节 汽车空心半轴特点及径向锻造工艺分析

一、汽车空心半轴特点

图 4-1 为汽车空心半轴的零件简图,从图中可以发现,它是一种长轴类零件,零件的长度大约 760mm,但是最大直径处只有 $\phi36$mm,且整个零件属于多台阶结构,既存在等直径台阶段又存在变直径台阶段。零件中间为最大等直径段,与最大等直径段相连的是左右两个变直径段。除去两端倒角以外的最小直径为 $\phi23.5$mm,左右两端与最小直径相邻的 $\phi25$mm 台阶段上存在环槽,由于半轴的内腔也是变截面的,其壁厚也是不等值的,最小壁厚只有约 3mm,在中间最大直径段处。图中零件除两端倒角等极少部分特征外,零件的绝大多数特征由径向锻造直接成形,无须经过机械加工,基本达到了近净成形、少无切削的要求。从图中易发现,零件不同直径段均对跳动位置公差有要求,达到符合要求的

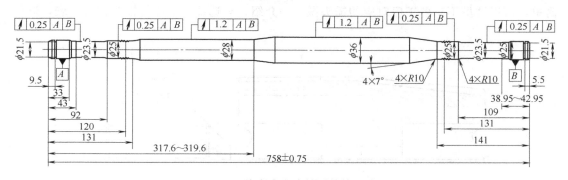

图 4-1 汽车空心半轴零件简图

跳动保证是该零件径向锻造成形的难点之一，另外，确保成形后的半轴没有裂纹和明显的折叠，以及具有良好的壁厚均匀性亦是本零件径向锻造成形的难点。

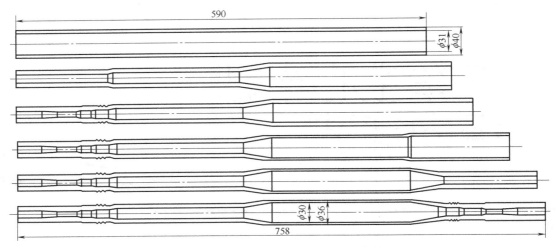

图 4-2　汽车空心半轴径向锻造成形工序简图

　　汽车空心半轴径向锻造成形的工序如图 4-2 所示，根据体积不变理论，考虑机加余量两端大概 2～5mm，由零件体积算得，采用长度为 590mm，外径和内径分别为 40mm 和 31mm 的圆管坯料较合适，直接由钢材供应厂家下好料。从坯料到锻件的整个成形过程分为五个工序，首先成形的是图示锻件的左边部分，对坯料的左端进行拔长缩径以及成形与零件最大直径段相接的左斜坡；接下来对已成形的左端部分进行细节处理，锻压环槽及进一步缩径成形左边最小直径段，这一工序结束后，半轴的左端部分基本成形；第三工序是成形外径为 $\phi36$mm 的最大直径段，第三工序结束后，坯料外径从 $\phi40$mm 变成了 $\phi36$mm，内径从 $\phi31$mm 变成了 $\phi30$mm，整个工序主要是一个拔长缩径、壁厚减薄的过程；最后成形的是四、五工序，四、五工序的成形过程与一、二工序的成形类似，尤其是第四工序，其成形使用模具与第一工序完全一样，用的是同一副锤头。半轴大部分内壁的成形借助于芯轴，内腔在各工序相对应的芯轴与锤头共同作用下，与半轴外表面轮廓基本同步成形。当整个塑性成形过程结束后，再进行倒斜角等机加处理。图 4-3 所示为径向锻造成形汽车空心半轴用锤头示意图，汽车半轴整个成形过程分为五个工序，所需锤头四副。因为每副锤头的整体结构相差不大，且与常规锻造相比，径向锻造的锤头结构相对较简单，所以这里不对各工序对应的锤头做一一介绍，只选某一工序的锤头作为代表，进行

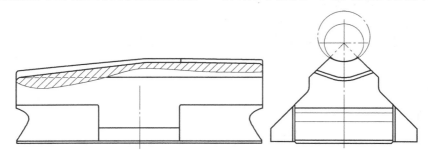

图 4-3　径向锻造成形汽车空心半轴用锤头示意图

简要概述。锤头的成形部分是由圆锥面与圆柱面衔接组合而成的，从图 4-3 中右边的视图可以看出，在成形面的顶端，有两个标识成形范围的虚圆，这两个圆间的直径区间即代表该锤头所适合成形的坯料直径范围。锤头成形面以外的轮廓特征，均只是出于考虑便于装配等目的而设计的，对产品成形没有实质影响。

汽车半轴径向锻造成形的具体动作如图 4-4 所示，坯料通过卡盘固定，在主轴作用下一边围绕自身轴线旋转，一边做轴向进给运动，芯轴通过卡盘固定，在主轴作用下一边围绕自身轴线旋转，一边做轴向进给运动，四个锤头对称地分布在坯料四周，沿坯料径向做高频率的往复锤击，各动作协调进行，完成半轴的整个径向锻造工艺过程。

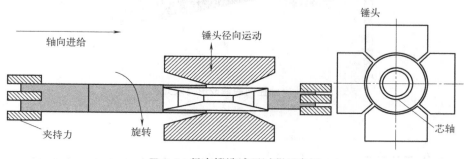

图 4-4　径向锻造成形过程示意图

二、模拟环境设置

利用 UG 软件对半轴坯料和各工序所用锤头进行三维建模，值得注意的是，应尽量在造型软件里面定好各工具与坯料的位置，这样可提高效率和减少出错概率；然后保存为 STL 格式，并将各 STL 格式文件导入 Forge2011 中，建立有限元模拟模型。利用数值模拟软件对金属变形过程进行仿真时，要结合实际变形条件，参数设置要尽量接近工况。有限元模拟所需操作及各相关参数设置如下：

① 对已定好位置关系的坯料和模具进行网格划分，网格划分数越多，模拟结果越精确，但网格增多又会增加仿真时间，所以要根据需求划分网格数，较好地平衡模拟时间与精度。坯料网格尺寸为 1.5，针对细节部位和需要重点考虑的部位进行局部细化网格，组合值设为 2。

② 半轴坯料原材料为 25CrMo4，在 Forge 自带材料库里面没有这种材料，所以用性能相近的 42CrMo4 材料模型代替，模具材料选用常见的 H13 模具钢。

③ 由于该工艺中半轴径向锻造成形是冷成形，所以设置坯料和模具温度都为 20℃；摩擦条件设置为涂覆。

④ 该工艺中半轴成形虽然是冷成形，但当坯料受到锤击时，机械能会部分转换为内能，致使模具、坯料、环境间存在温差而发生热交换，设置坯料与模具的热交换条件为钢-低温-弱，与环境间的热交换条件设置为空气冷却。

⑤ 定义压机。设置模具初始高度、最终高度、模具速度以及多道次文件等，本章讨论不同工艺参数对空心半轴径向锻造成形的影响，需根据讨论要求进行不同设置。

设置好的有限元分析模型如图 4-5 所示，图上显示的几何模型只有六个部件，实际上一共是七个部件，3D 钳臂没进行三维建模。3D 钳臂的主要功能只是控制坯料周向旋转和轴向进给运动，不参与实际成形，因而直接在仿真软件里面指定几何形状及钳臂作用区，以简化模型。

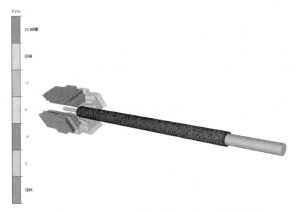

图 4-5　半轴径向锻造成形有限元模型

第二节　工艺参数对汽车空心半轴成形质量的影响

工艺参数对锻件径向锻造成形产生影响，实际生产中，不同的工艺参数会得到不同的锻件成形结果，进而影响产品的组织和性能。例如径向进给量较大时，有利于锻件表层金属材料与心部材料的均匀延长，减少凹坑产生，但是径向进给量过大时，不利于圆形截面的形成和锻件的应力状态，甚至当轴向进给量较大时，锻件表面有可能形成螺旋形脊椎纹。径向锻造成形的主要工艺参数有温度、锻件转速、锤头径向进给速度、径向进给量、坯料轴向进给量等，本章节中锻件为常温锻造，不需加热，所以只分析剩余四个参数对半轴径向锻造成形的影响。本章节中锻件成形工序较多，若每个工艺参数都进行全工序完整模拟，工作量太大，耗时费力，有违数值模拟初衷，所以只选取典型工序中一段能较全面反映产品成形特性的坯料段，来考察各个参数对空心轴径向锻造成形的影响，考虑到整个产品成形过程的主要变形都发生在第一工序，所以选取坯料两端部位任意一端一段 50mm坯料段作为试验段来研究各参数对空心轴径向锻造成形的作用。

1. **锻件转速**

根据公式计算确定锻件的转速为 27r/min、40r/min、53r/min、66r/min。为方便模拟，把锻件转速换算成相对转角，相对转角 φ 指锤头每锤打一次坯料转动的角度。对应的相对转角约为 8°、12°、16°、20°。

（1）锻件转速对锤头载荷的影响

不同锻件转速，其他参数为定值的情况下，坯料试验段变形过程的行程-载荷情况如图 4-6 所示，从图中可以看出，随着步数的变化，锤头的径向锻打力是呈现脉冲变化的，有波峰和波谷。在进锤速度一定的情况下，锤头所受的材料作用力与变形量有直接关系，一般下压量越大，锤头所受作用力也越大。图上显示的每一个波峰位置，都对应单锤的下压量到达了最低点，即单锤所受阻力最大的时候。由于径向锻造单锤的变形量很小，所以锤头受到的载荷普遍不大。从波峰到波谷的这个过程，表示锤头从最大单锤下压量位置开始径向回程的过程，当锤头离开坯料，即对应波谷。图 4-6（a）到图 4-6（d）中的载荷变化趋势大体相同，都体现了锤头多道次往复锻打的规律，且最大载荷出现时刻基本一致。第一道次时，坯料试验段起始变形端朝锤头靠拢，前后两锤间坯料轴向进给量一定，单锤的材料变形量先增大后趋于平稳，所以锻打力也呈现先增大而后趋于平稳的现象；第二道次时试验段起始端慢慢远离锤头，锤头初始锤打时，坯料与锤头成形面的接触面积是最大的，从而单锤材料变形量是最大的，导致此时载荷会有一个剧变，达到一个极大值，后面锤击时，随着锤头成形面与材料的接触面积慢慢变小，锤头的载荷也呈现减小的趋势；第三道次时，坯料的运动情况和单锤材料变形量变化与一道次相同，但是由于材料在第三道次的变形是基于一、二道次已有变形的基础上，会存在加工硬化现象，同样变形量下，锤头受到的材料流动阻力相对较大，所以第三道次锤头受到的平均作用力要比一、二道次的大。不同锻件转速下，整个锻造过程的最大载荷相差不大，特别是 40r/min、53r/min、66r/min 这三个转速下的最大载荷尤为接近，说明锻件转速对锤头的最大载荷影响不大。

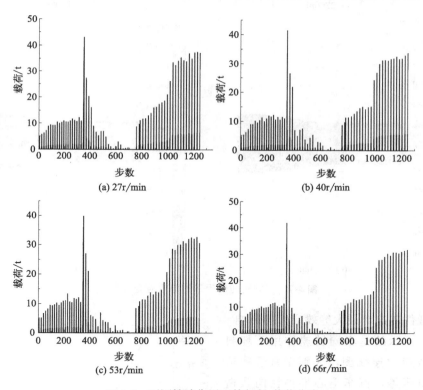

图 4-6 不同转速作用下的行程-载荷曲线

（2）锻件转速对等效应变的影响

不同锻件转速作用下试验段坯料的等效应变分布如图 4-7 所示，左边显示条中不同颜色段代表不同值的等效应变范围，（a）、（b）、（c）、（d）图对应的转速分别为 27r/min、40r/min、53r/min、66r/min，从图中可知，27r/min 转速下的最大等效应变值约 0.98，是四个转速中最大等效应变值最大的，其他三个转速对应的最大等效应变都是在 0.77～

0.85 之间，最大等效应变较接近，彼此相差幅度不大。对比发现，随着锻件转速的增大，最大等效应变先急剧变小，后呈小幅振荡状态。

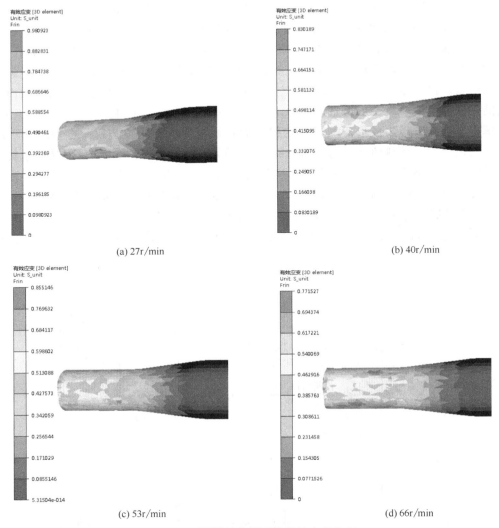

(a) 27r/min

(b) 40r/min

(c) 53r/min

(d) 66r/min

图 4-7 不同转速作用下的等效应变分布

（3）锻件转速对最大等效应力的影响

图 4-8 显示的是不同转速作用下坯料的最大等效应力连线图，区别于常规锻造如镦粗、挤压等，汽车空心半轴径向锻造成形时，坯料的等效应力叠加效应不明显，后一个部位的锻造对前面已成形部位的等效应力基本没有影响。从图中可以看出，27r/min 转速下的最大等效应力值最大，而 40r/min、53r/min、66r/min 三个转速下的最大等效应力值较 27r/min 时下降明

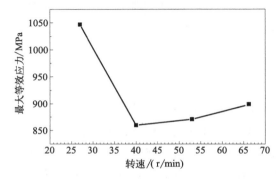

图 4-8 不同转速作用下的最大等效应力分布

显。比较后三个转速下的最大等效应力值发现，其最大等效应力值随着转速的增大而增大，但是增幅较缓。

坯料转速对径向锻造成形存在不同程度的影响，转速的变化对成形过程中的载荷影响较小，对等效应变和最大等效应力的影响趋势类似，随着坯料转速的增大，等效应变和最大等效应力值都是先急剧减小，然后各自趋于一个范围。当趋于一个范围后，等效应变值在范围值内小幅振荡，而最大等效应力值是随着转速的增大而缓慢增大。

2. 轴向进给量

当坯料转速较小时，轴向进给量也应小，反之，坯料转速较大时，可以加大轴向进给量，这样可以提高生产效率。但轴向进给量也不能太大，过大的轴向进给量会使得坯料同一部位的材料整形锤数减少，影响锻件表面成形质量。根据机器性能情况，$1000 \leqslant v \leqslant 30000$（mm/min），则 $0.83 \leqslant S \leqslant 25$（mm），考虑实际生产效率以及结合前后两个相邻锤位的整形段成形区域必须有重叠部分原则，取轴向进给量为 1mm、2mm、3mm、4mm，其他参数为定值，分析不同轴向进给量对径向锻造成形的影响。

（1）轴向进给量对锤头载荷的影响

不同轴向进给量作用下的锤头行程与载荷曲线如图 4-9 所示，（a）～（d）图表示轴向进给量分别为 1mm、2mm、3mm、4mm 作用下的模具载荷随步数的变化情况。不同轴向进给量作用下锤头载荷大的变化趋势一致，且最大载荷出现的时刻以及载荷值也基本接

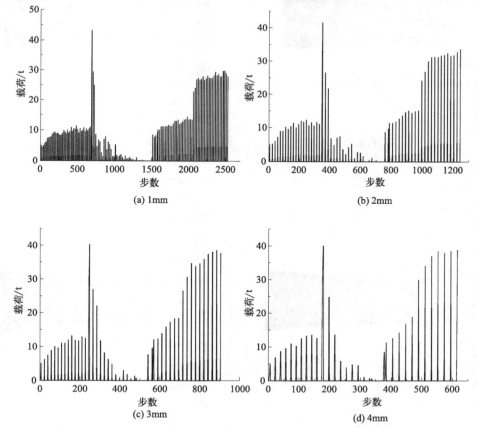

图 4-9　不同轴向进给量作用下的行程-载荷曲线

近，但是对比四个图发现，其整体载荷呈现出了明显的规律性，随着轴向进给量的增大，整个成形过程的载荷均值也增大，但当轴向进给量达到 3mm 时，之后轴向进给量的增大，对载荷均值影响不大，3mm 与 4mm 两个轴向进给量下的载荷均值无明显差别。

（2）轴向进给量对等效应变的影响

图 4-10 为不同轴向进给量对试验段径向锻造成形等效应变的影响情况，不同轴向进给量下，锻件的最大等效应变相差不大，除 2mm 时，最大等效应变只有约 0.83，其他情况下最大等效应变都在 0.9 以上。锻件的大部分整形区域等效应变都集中在 0.45～0.72 范围内，整体较均匀，仔细观察可以发现，随着轴向进给量的增大，整形区域中等效应变值较小的区域占比越来越大，轴向进给量为 4mm 时，锻件的大部分整形段的等效应变值基本处在 0.6 以下了。总体来说，随着轴向进给量的增大，等效应变均值有缓慢变小的趋势。

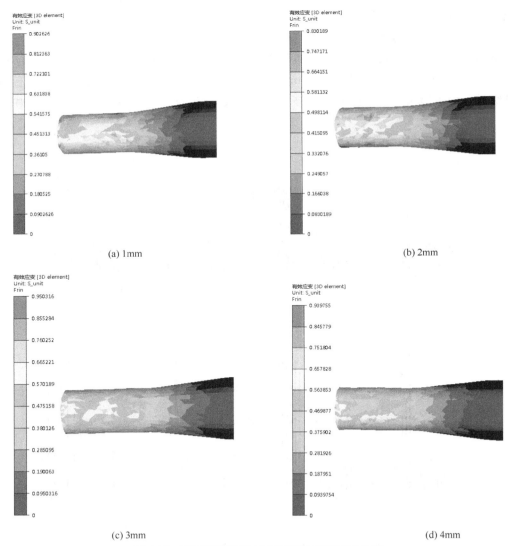

(a) 1mm

(b) 2mm

(c) 3mm

(d) 4mm

图 4-10　不同轴向进给量作用下的等效应变分布

（3）轴向进给量对等效应力的影响

图 4-11 为轴向进给量分别取 1.0mm、2.0mm、3.0mm、4.0mm 时，锻件径向锻造后的最大等效应力情况。1.0mm、2.0mm、3.0mm 这三个轴向进给量时，最大等效应力变动都较小，但 1.0mm 时的最大等效应力值相对较大。当轴向进给量为 4.0mm 时，锻件最大等效应力相比前三个轴向进给量情况下，有明显的增大。即当轴向进给量较小或较大时，锻件的最大等效应力都要相对大些。轴向进给量为 2.0mm 时，最大等效应力值最

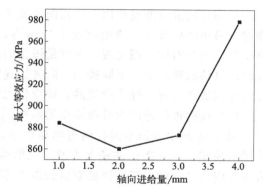

图 4-11　不同轴向进给量作用下的最大等效应力分布

小，超过 2.0mm 后，随着轴向进给量的增加，最大等效应力值呈先缓增后急增的现象。

轴向进给量对模具载荷、锻件等效应变、最大等效应力影响不一。随着轴向进给量增大，模具载荷均值整体呈增大趋势，增大到一定程度后，各不同轴向进给量情况下的模具载荷情况越来越相近，而随着轴向进给量的增大，等效应变均值缓慢变小，最大等效应力值在 2.0mm 到 4.0mm 轴向进给量范围内表现出不同的增大趋势。

3. 径向进给速度

这里选取径向进给速度为 1.5mm/s、3.5mm/s、5.5mm/s、7.5mm/s 四个值，来分析不同径向进给速度对径向锻造成形空心轴类件的影响。

（1）径向进给速度对锤头载荷的影响

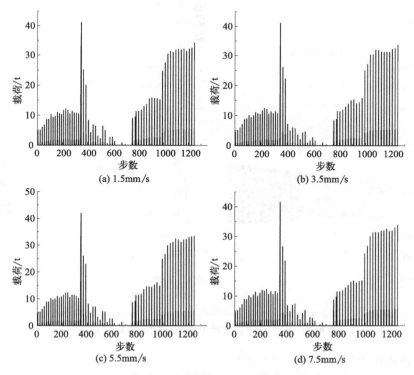

(a) 1.5mm/s　　　　(b) 3.5mm/s

(c) 5.5mm/s　　　　(d) 7.5mm/s

图 4-12　不同径向进给速度作用下的行程-载荷曲线

不同径向进给速度作用下，径向锻造成形过程锤头的载荷变化如图 4-12 所示，（a）图对应最小的模具径向进给速度 1.5mm/s，（a）到（d）的径向进给速度以 2mm/s 为增量变化，但是对比四图发现，不管是锤头的最大载荷值及其出现时刻，还是整个径向锻造过程模具的载荷均值，不同锤头径向进给速度下都没有明显变化，锤头径向进给速度的变化对径向锻造过程中锤头所受的载荷变化无直接影响。

（2）径向进给速度对等效应变的影响

图 4-13 显示的是不同径向进给速度下，锻件径向锻造成形后的等效应变分布情况，从图上易知，（a）图中的最大等效应变值达到了 0.96，显著大于其他三个速度对应的最大等效应变值，剩下三个速度对应的最大等效应变值都较 1.5mm/s 时要小，彼此之间的变化幅度也不大。仔细观察整形区域的应变分布云图，发现其应变整体比较均匀，大多集中在 0.4~0.8 范围内，且随着径向进给速度的增大，应变均值减小，应变均匀性增强，7.5mm/s 时，应变值基本处在 0.4~0.6 这个区间。

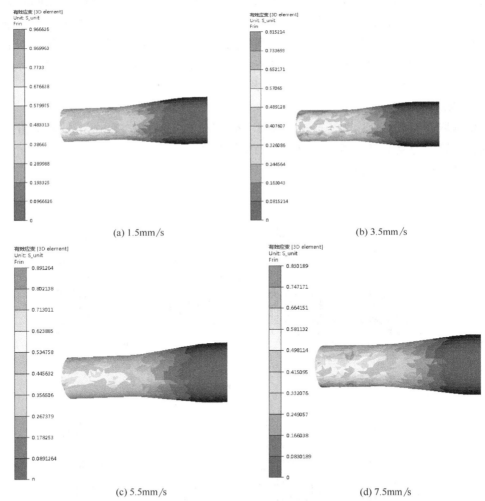

(a) 1.5mm/s   (b) 3.5mm/s

(c) 5.5mm/s   (d) 7.5mm/s

图 4-13 不同径向进给速度作用下的等效应变分布

（3）径向进给速度对等效应力的影响

不同径向进给速度作用下，锻件的最大等效应力变化趋势如图 4-14 所示，整体趋势

非常明显，随着径向进给速度的增大，最
大等效应力值减小，但变化幅度不一，
1.5mm/s 所对应的最大等效应力值最大，
1.5mm/s 与 3.5mm/s 之间变化幅度较
大，3.5mm/s 到 7.5mm/s，随着径向进
给速度增加，最大等效应力值缓慢减小，
而且基本保持了均匀变化。

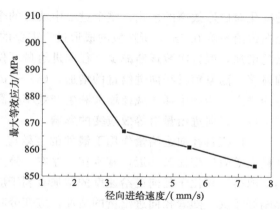

图 4-14　不同径向进给速度作用下的
最大等效应力分布

径向进给速度与径向锻造成形中模具
的载荷关系不大，但影响锻件成形后的等
效应变和等效应力。最大等效应力值和最
大等效应变值都在径向进给速度最小的情
况下取得，随着径向进给速度的增加，最

大等效应力以及应变均值呈减小趋势，不同径向进给速度下所对应的最大等效应力变化和
等效应变分布越来越均匀。

4. 径向进给量

锤头径向进给量是指锤头打击一次后，坯料在径向方向上尺寸的缩减量。第一工序相
当于一个拔长缩径的过程，坯料到第一工序的最大单边缩径量为 6mm，且考虑到坯料壁
厚较薄，在锻透性方面不存在问题，结合最终产品形状和已有经验，确定锤头径向进给量
取 0.5mm、1mm、2mm、3mm，分析这四个径向进给量作用下径向锻造成形的情况。

（1）径向进给量对锤头载荷的影响

图 4-15 为不同径向进给量作用下的行程-载荷关系图，图中很好地反映了径向进给量

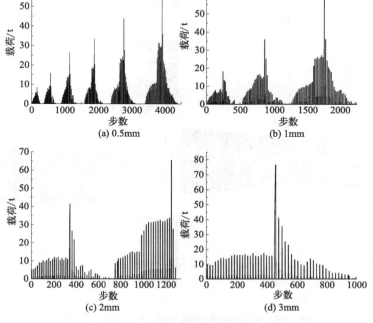

图 4-15　不同径向进给量作用下的行程-载荷曲线

的变化对成形效率的影响，整个过程中波峰的个数即代表成形所需的锻打次数，易发现，径向进给量为 0.5mm 所对应的成形过程需要的锤打次数最多，效率最低，随着径向进给量的增加，锻打次数逐渐减少。径向进给量不仅对成形效率有严重影响，对模具载荷也影响显著，随着模具径向进给量的增加，（a）～（d）图中最大载荷越来越大。所以径向进给量的增大，会产生锤头载荷增大和生产效率变高这一矛盾的现象。

（2）径向进给量对等效应变的影响

不同模具径向进给量作用下锻件的有效应变云图如图 4-16 所示，各进给量对应的锻件最大等效应变比较接近，基本在 1 左右，最大的也只有 1.16，在 0.5mm 径向进给量作用下取得。相比于径向进给速度的增加有利于应变的均匀性，径向进给量对应变的影响情况刚好相反，随着径向进给量的增加，应变分布变得越来越不均匀。

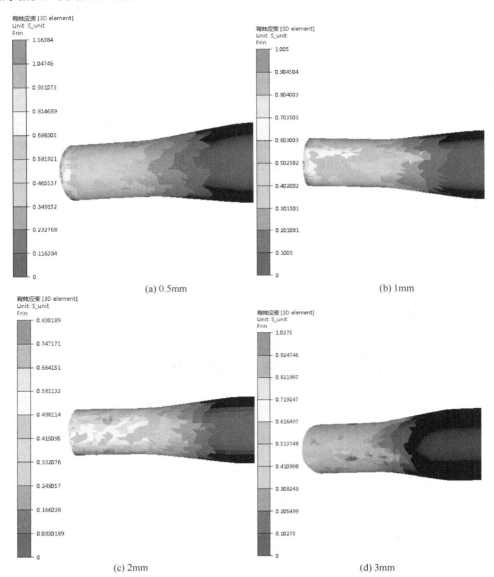

(a) 0.5mm

(b) 1mm

(c) 2mm

(d) 3mm

图 4-16　不同径向进给量作用下的等效应变分布

（3）径向进给量对等效应力的影响

图 4-17 为 0.5mm、1mm、2mm、3mm 四个不同的径向进给量值相对应的锻件最大等效应力连线图，随着径向进给量的增大，最大等效应力整体呈 V 形走势，最大等效应力的两个极大值在最大、最小进给量情况下取得，1.0mm/s 对应的最大等效应力值最小。总的来说，径向进给量的变化对最大等效应力的影响较大，随着径向进给量的增加，最大等效应力先以较大幅度减小，然后以接近一半的幅度增加。

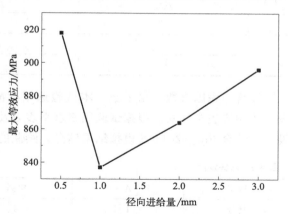

图 4-17 不同径向进给量作用下的最大等效应力分布

径向进给量对空心轴类零件径向锻造成形的影响主要体现在：随着径向进给量的增大，成形效率变高，模具载荷变大，成形后的锻件等效应变均匀性越来越差，当径向进给量处在 1.0～3.0mm 时，最大等效应力较小。因此，选择径向进给量要合理平衡生产效率、模具载荷以及等效应变均匀性。

第三节　基于正交试验的汽车空心半轴成形参数优化设计

一、正交试验设计

1. 确定评价指标

通过对合作单位径向锻造生产管轴类产品的已有经验总结，结合前人的文献知识，发现径向锻造管轴类产品的常见质量缺陷为折叠、裂纹。所以以折叠处数、有无裂纹作为衡量试验结果的特征量。但在有限元软件中很难直接看到微裂纹，因此本试验中通过产品的最大等效应力大小来反映裂纹产生的趋势，等效应力越小越好。为了便于分析，折叠处数只取三个值：0、1、2，把折叠处数大于或等于两处的都记作两处。本实验的目的是找出使产品折叠、裂纹缺陷最少的优参数组合。

2. 确定因素水平

分析影响径向锻造的几个关键参数，由于本课题中空心半轴的径向锻造成形是冷锻，在常温下进行，所以温度可以不作为重点考虑，结合考察的实际情况，最后把锻件转速、锤头径向进给量以及进锤速度作为被考察的主要因素。结合第三章结果、文献参考资料及实际条件，确定锻件的转速为 40r/min、53r/min、66r/min 三个水平，即每锤一下坯料转过 12°、16°、20°记为单次坯料转角；确定锤头径向进给量为 1.5mm、1.0mm、0.5mm 三个水平；以 6.5mm/s、7.5mm/s、8.5mm/s 为进锤速度的三个水平。本试验的试验因素水平如表 4-1 所示。

水平	因素 A(单次坯料转角)/(°)	因素 B(锤头径向进给量)/mm	因素 C(进锤速度)/(mm/s)
1	12	1	7.5
2	20	1.5	8.5
3	16	0.5	6.5

综合考虑因素数与水平数，本试验选用标准正交表 L_9（3^4）来安排试验，表 4-2 为设计的相应表头样式。根据试验因素水平表以及表头设计，对整个正交试验进行试验方案设计，结合 Forge2011 的模拟结果信息，绘制的试验方案及对应试验结果如表 4-3 所示。

□ 表 4-2　表头设计

因素	A	空列	B	C
列号	1	2	3	4

□ 表 4-3　试验方案及试验结果

试验号	A	空列	B	C	实验方案	最大等效应力/MPa	折叠处数/处
1	1	1	1	1	$A_1B_1C_1$	1153	0
2	1	2	2	2	$A_1B_2C_2$	1086	0
3	1	3	3	3	$A_1B_3C_3$	1083	2
4	2	1	2	3	$A_2B_2C_3$	1103	2
5	2	2	3	1	$A_2B_3C_1$	1052	1
6	2	3	1	2	$A_2B_1C_2$	1114	2
7	3	1	3	2	$A_3B_3C_2$	1077	2
8	3	2	1	3	$A_3B_1C_3$	1080	2
9	3	3	2	1	$A_3B_2C_1$	1055	2

□ 表 4-4　试验结果分析

指标	项目	A	空列	B	C
最大等效应力/MPa	K_1	3322	3333	3347	3260
	K_2	3269	3218	3244	3277
	K_3	3212	3252	3212	3266
	极差 R	110	115	135	17
	因素主次	B＞A＞C			
	优方案	$B_3 A_3 C_1$			
折叠处数/处	K_1	2	4	4	3
	K_2	5	3	4	4
	K_3	6	6	5	6
	极差 R	4	3	1	3
	因素主次	A＞C＞B			
	优方案	$A_1 C_1 B_1$			

对试验结果进行分析，算出各列的极差如表 4-4 所示。极差越大，意味着该列因素的数值在试验范围内的变化会导致试验指标在数值上更大的变化，所以极差最大的一列的因素，其水平变化对试验结果影响最大，据此判断出因素主次顺序。最大等效应力和折叠出现处数两个指标的数值都是越小越好，比较各列不同 K 值的大小，综合因素主次，选出 K 值组合，最终确定优选方案如表 4-4 中所列。

为进一步地验证试验，更直观地显示各因素水平对指标的影响，画出了因素与指标的关系图，如图 4-18 所示。

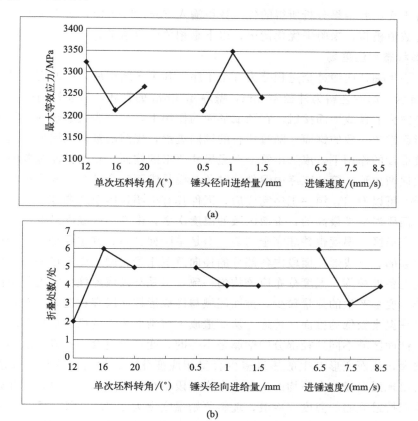

(a)

(b)

图 4-18　工艺参数对不同指标的影响

从表 4-4 和图 4-18 易发现，该试验存在两个试验指标，且各因素对于不同指标的影响程度不一样，从而不同指标所对应的优选方案也不相同。所以需要一种方法来综合考虑各因素对两个指标的共同影响作用，从而得出综合的较优方案。比较常用的解决多指标正交试验的分析方法有两种，综合平衡法和综合评分法，综合评分法的关键是如何评分，不太好把握，本试验决定采用综合平衡法来分析。

因素 A：对于指标一即等效应力指标，取 A_3 好，而对于指标二即折叠出现处数指标，取 A_1 好，但是 A 因素是指标二的最重要因素，在确定优水平时应给予主要考虑，所以 A 因素取 A_1。

因素 B：对于最大等效应力，取 B_3 好，而且是其最主要的因素，对于折叠出现处数指标，取 B_1 好，从趋势图中也不难发现，B_1 与 B_3 对折叠出现处数指标影响程度相差不大，而且从极差可以发现，B 是最次要的影响因素，因此，选取 B_3 作为优选因素水平。

因素 C：对于两个指标来说，都是以 C_1 为最好的水平，所以取 C_1 作为该因素的优水平。

综合以上的结果分析，优化方案最终定为 $A_1B_3C_1$，即单次坯料转角取 12°，锤头径向进给量取 0.5mm，进锤速度取 7.5mm/s，没有包含在已做的九组试验中。

二、最优参数模拟结果

把通过正交试验结果分析所得的优参数组输入 Forge2011 中，对汽车空心半轴径向锻造成形进行数值模拟，来验证优化情况，以下是相关模拟结果。

1. 成形状态和温度场

汽车空心半轴径向锻造全过程分为五个工序，各工序结束后坯料的变形情况和温度场如图 4-19 所示。原始坯料为外径 40mm，壁厚 4.5mm 的管坯，从坯料到第一工序，坯料一端首先与锤头的预成形面接触，在预成形面的作用下，与锤头接触端的坯料成形出角度与模具成形面锥角一致的锥面，随着坯料的轴向进给，先前的锥面区域半径越来越小，最后在锤头整形段的作用下，成形出符合直径尺寸要求的柱面，新的锥面位置向坯料另一端推移，依次逐渐成形。第一工序中锻件的锥角与模具锥面完全贴合，未成形段仍保持原始尺寸。从图上可以看出，第一工序完成后，锻件具有很明显的温度梯度，经过成形段整形的已定径柱面段温度是最高的，锥面区域的温度次之，未变形区温度最低，且柱面段、锥面区域、未变形区内温度也并非完全均匀，而是呈阶梯分布，这主要是由于变形量不同和传热因素引起的。已成形柱面段内各部分的径向总下压量相同，变形量一样，由变形产生的热量理论上各处相等，温度分布应该均匀一致，但是与已成形柱面相连的锥面区域，变形量比较小，变形产生的热量较少，锥面区域与已成形柱面段存在温差，热量会自发从已成形柱面段往温度较低的锥面区传递，从而造成了与锥面相邻的已成形柱面端温度比另一端温度低。锥面区域不同外径部分的壁厚是不等的，变形量也会不一样，从锥顶往锥底变形量依次增大，从而变形产生的热量多少会呈相应变化，又加之已成形柱面段的传热作用，自然会出现温度场分布不均的现象。未变形段不存在变形产生热量，若无热量从别处传递，本应保持最原始的温度（冷锻，坯料原始温度设为 20℃），图上显示的左右温差现象归结于从锥面区传递的热量所致。第二工序为成形环槽部分，区别于第一工序成形时先通过锤头预成形段预成形，后经整形段最后定形，锻环槽部分时，成形所用锤头无预成形段，锤头成形面长度长于第二工序锻件所需成形部位的长度，成形时不需要轴向进给，直接由锤头对锻件定点锻打成形。第三工序中所用锤头与第一工序中所用锤头类似，区别在于锥角要稍小一些，这一工序主要是对第二工序结束后锻件靠近锥面的未成形段一端进行拔长缩径，同时壁厚减薄，工序整个过程材料的变形量较小。第五工序结束后，锻件完全成形，结构特征达到规定要求，成形质量较好，环槽等细节部分显示细腻，锻件整体表面光滑。

观察空心半轴径向锻造成形的整个过程，发现各工序结束后锻件的温度场分布都比较合理，从图 4-19（f）中容易得出，两个极大值温度都出现在锻环槽的第二工序、第五工序，这主要是因为锻环槽是在已经过一定变形的柱面段基础上进行的，形变阻力大，产生热量多。最高温度出现在第五工序，关键点在于第五工序变形前，锻件经过前几个成形工

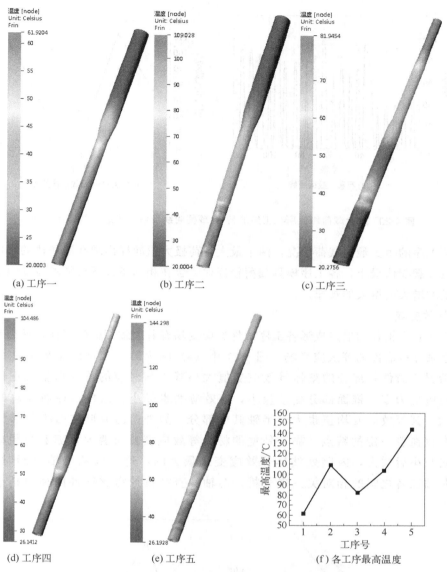

(a) 工序一　　　　　　(b) 工序二　　　　　　(c) 工序三

(d) 工序四　　　　　(e) 工序五　　　　(f) 各工序最高温度

图 4-19 锻件各工序的成形状态及最高温度

序的热量积累，已具备较高的温度，最高温度大概 150℃，对冷锻成形影响不大。

2. 模具载荷

图 4-20 为最大载荷峰值所在工序锤头的行程-载荷关系以及各工序中模具最大载荷的连线图，左图（a）为最大载荷峰值出现工序即第二工序的行程载荷图，最大载荷约为 110t，第二工序是成形环槽部分，相对而言，锤头载荷一开始就比较大，这也佐证了上文所讲的环槽部分成形阻力较大的论述。载荷曲线的峰值波峰呈阶梯状上升，对应环槽成形时，每一个下压量位置，会有数锤的锻打，且每一个新的下压量阶段，第一锤作用下的变形量最大，所受载荷最大，后续几锤只是在第一锤的基础上完善成形。因此，每个小台阶的第一个波峰相对较高，台阶内其他的波峰差别不大，随着下压量的增加，加工硬化效应累积，相同形变量下，材料的流动阻力逐渐变大，模具载荷整体呈增大趋势。右图（b）

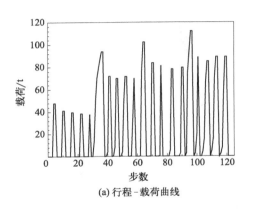

(a) 行程-载荷曲线

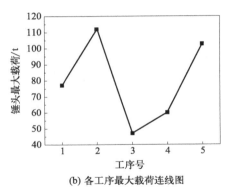

(b) 各工序最大载荷连线图

图 4-20　最大载荷峰值所在工序的行程-载荷曲线及各工序最大载荷连线图

中为五个工序的锤头最大载荷情况，两个最大载荷极大值同样出现在锻环槽的工序，第三工序的最大载荷值最小，各工序模具载荷较好地吻合在相同条件下材料的流动阻力基本随着变形量的增大而增大的规律。

3. 等效应变

汽车空心半轴径向锻造成形各工序锻件的应变场有着大致相似的规律，所以只选择一典型工序来分析锻件的等效应变场。图 4-21 中（a）图为第一工序结束后锻件的等效应变分布情况，锻件各部分的整体等效应变值大小基本与对应的总变形量成正比，未变形区等效应变为零，锥面部分变形量小，等效应变也较小，已成形柱面段总的变形量相对较大，其等效应变均值也大于半轴其他部分。另外，已成形柱面段各部分的等效应变分布存在着一定的特点，靠近外壁的材料等效应变普遍要大，随着半径减小，等效应变先减小后增大，内壁处整体等效应变是最大的，这可以从半轴成形时，锤头、坯料、芯轴三者之间的相对关系来分析。芯轴的直径设计得比锻件内径要稍小，成形

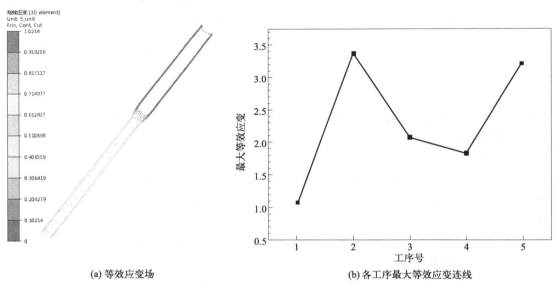

(a) 等效应变场　　　　　　　　　　(b) 各工序最大等效应变连线

图 4-21　典型工序的等效应变分布及各工序最大等效应变连线图

时，锻件内径由坯料内径逐渐成形接近芯轴直径，理论上绝大多数时刻坯料内壁都没有与芯轴贴合，受锤头锻打时，靠近坯料内壁的材料，不会受到芯轴的阻力，在径向方向上能自由流动。从内壁往外壁方向，越远离内壁，材料变形阻力就越大，应变就越小，坯料外壁变形部分，在每次锻打时都与锤头紧紧贴合，材料流动时，除了受到材料自身的阻力，还有来自锤头轴向及径向方向上的阻力，受总的阻力最大，导致等效应变最大。各工序的最大等效应变大小关系如图 4-21（b）所示，极大等效应变值出现在锻环槽的两个工序，两工序的等效应变差不多，最大等效应变约为 3.5，第三工序的等效应变次之，剩下一、四工序中锻件的等效应变最小。应变可以理解为单位长度的变形量，环槽实际所占材料体积不多，但环槽较深，且槽与槽间隔较小，锻环槽时，材料的单位变形量极大，因此等效应变大。

4. 等效应力

图 4-22 为汽车空心半轴径向锻造成形等效应力的相关情况，其中图 4-22（a）为最大等效应力所在工序的等效应力场，即第二工序结束后锻件的等效应力分布云图。同等条件下，等效应力一般都与等效应变呈线性关系对应，结合上文中对等效应变的分析，从理论上可知第二工序的最大等效应力值应是最大，从图 4-22（b）可以证明等效应力模拟结果与理论一致。从应力云图上可以看出，环槽所在段的等效应力值普遍要大于其他区域，这也是其他区域材料等效应力分布颜色指示基本一致，只有环槽段材料的等效应力场颜色特别突出的原因。各工序最大等效应力变化与各工序最大等效应变变化趋势较接近，同样是最大等效应力极大值在环槽所在工序取得，最大值为 1055MPa，五个工序中最大等效应力值最小的为第一工序，最大值与最小值之间变化幅度较大，这也补充说明了（a）图中出现的只有环槽段等效应力指示颜色有差异，半轴其他区域等效应力场颜色基本无变化的现象。

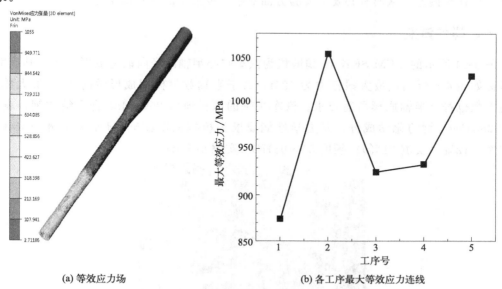

(a) 等效应力场   (b) 各工序最大等效应力连线

图 4-22　最大等效应力所在工序的等效应力场及各工序最大等效应力连线图

5. 折叠、裂纹缺陷

通过 Forge2011 的"显示叠料追踪"功能，可得用较优参数组成形的半轴折叠情况，

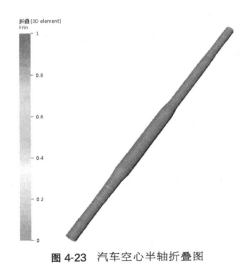

图 4-23　汽车空心半轴折叠图

如图 4-23 所示，汽车空心半轴锻件径向锻造成形完后，无明显折叠产生。

裂纹也是径向锻造管轴类零件的主要缺陷之一，对产品的质量有致命的影响。裂纹的产生与扩展受到应力、变形温度等外部条件的影响，又与金属材料的组织结构等内部因素有关。模拟半轴成形时，仅通过等效应力最大值来衡量裂纹产生的趋势，由上文中对等效应力的分析得知整个成形过程中，半轴的最大等效应力为 1055MPa，与正交试验中已试验的所有参数组中得到的最大等效应力值相比，处于其极小值水平，从理论上来说裂纹产生的趋势是最小的。综上可知，用优参数组模拟得到的半轴成形结果是良好的。

第四节　汽车空心半轴径向锻造样品试制

通过正交试验方法得到了径向锻造生产合格汽车空心半轴的优参数组，并采用所得优参数组对汽车半轴的径向锻造成形过程进行了模拟，从数值模拟软件得到的结果来看，成形效果良好，符合要求，但是由于实际生产条件的复杂性，可能使得实际生产所得产品与模拟结果存在偏差，从而有必要从实验方面对半轴成形情况进行简单论证。

一、样件试制

图 4-24 所示的 GFM SKK-10 精锻机为汽车空心半轴的径向锻造成形设备，其冷锻技术指标如表 4-5 所列，最大锻打力为 125t，大于半轴数值模拟成形时的 110t 最大载荷，其他参数也符合半轴成形所需要求。汽车半轴的原材料为 25CrMo4 合金结构钢，表 4-6 中为 25CrMo4 钢的化学成分，其力学性能要求为抗拉强度≥550MPa（实测 585MPa）；延伸率≥12%（实测 31%）；硬度 80～95HB（实测 90HB）。

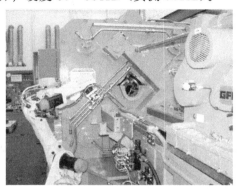

图 4-24　GFM SKK-10 精锻机

技术 指标	最大锻 造力/kN	最大轴向 推力/kN	最大加工毛 坯直径/mm	最大工件 长度/mm	功率 /kW	最大工 件重量/kg	冷锻精度	冷却方式
性能参数	1250	40	100	160～800	120	12	内部 H7,外部 h9	水冷

⊡ 表 4-6　25CrMo4 钢的化学成分（质量分数）　　　　　　　　　　　　　　　　　　　　%

项目	C	Si	Mn	S	P	Cr	Ni	Cu	Mo
理论	0.22～0.29	<0.4	0.6～0.9	<0.035	<0.035	0.9～1.2	<0.03	<0.1	0.15～0.3
实测	0.24	0.28	0.81	0.002	0.01	1.04	0.03	0.03	0.21

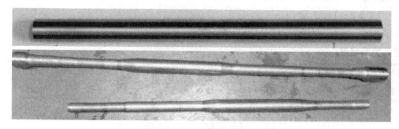

图 4-25　汽车空心半轴坯料和试制样件

　　根据模拟所得优参数，在 GFM SKK-10 径向锻造机上，以图 4-25 中所示的等径圆管作为坯料，进行汽车空心半轴径向锻造试制成形。试制所得产品见图 4-25，半轴整个轮廓成形良好，环槽、台阶过渡处等细节部分精度较好，表面较光滑，未出现明显多边形现象，两端内孔不存在喇叭口，整体没有发现宏观缺陷。为检测样件是否存在微裂纹、折叠等极可能出现的重大缺陷，采用磁粉探伤法和超声波探伤法对产品表面、内部进行无损检测，检测结果为被检测的 5 件产品均未发现微裂纹和明显折叠缺陷，试制产品成形质量合格，这也在一定程度上佐证了正交试验以及数值模拟结果的可靠性。

二、产品跳动

　　汽车半轴是汽车传动系统的关键精密零件，对几何精度，特别是跳动误差这个精度指标要求较高，由此有必要对半轴进行跳动检测。检测方法如图 4-26 所示，在宝鸡数控车床 CK7520 上采用双顶尖测量方式，测量跳动前，对三爪处夹持顶尖进行车削以保持顶尖

图 4-26　汽车空心半轴跳动测量

与车床主轴轴线一致，测量时车床主轴转速取 50r/min，顶尖压力取 8MPa。跳动精度要求和测量部位如图 4-27 所示，总共测量五件，每件测量八个部位。表 4-7 为测量结果，所有轴的跳动都较小，不同轴间跳动精度存在差异，对比各部位精度要求发现，所有测量部位的跳动值都在跳动规定范围内，满足精度要求。

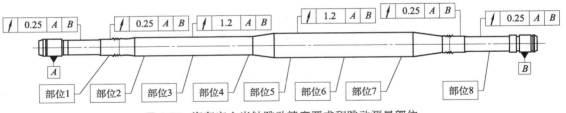

图 4-27　汽车空心半轴跳动精度要求和跳动测量部位

表 4-7　半轴跳动检测结果   0.01mm

件号	部位 1	部位 2	部位 3	部位 4	部位 5	部位 6	部位 7	部位 8
1	8	9	17	23	28	21	18	21
2	7	17	19	26	28	27	30	24
3	5	11	11	12	17	15	12	5
4	7	10	11	13	19	15	21	23
5	8	5	5	8	12	7	10	5

三、显微硬度

硬度是衡量材料质量的重要指标之一，受多方面因素的影响。图 4-28 所示为汽车半轴原始坯料和已成形样件环槽处的截面硬度情况，所用测量设备为上海联尔试验设备有限公司制造的数显显微硬度计 HVS-1000。图中曲线显示，已成形半轴的整体硬度要显著大于成形前材料的硬度，主要是形变强化现象所导致的。观察单条曲线发现，原始管料从表面到心部，其硬度差异不大，与之相比，成形后半轴的截面硬度分布截然不同，从表面到心部硬度梯度明显，表面硬度最小，往里硬度逐渐增大，在离表面约 2.5mm 处硬度达到最大值，再往心部靠拢，硬度大小慢慢回落。硬度

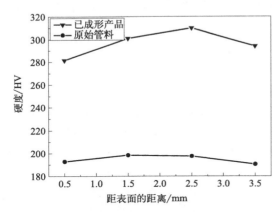

图 4-28　半轴坯料和试制样件的截面显微硬度

的变化刚好对应于半轴成形时材料形变量的大小，成形时，半轴外壁和内壁的材料流动分别受到锤头和芯轴的限制，材料形变量较壁厚中间的材料要小一些，形变强化效应相对较弱，从而造成壁厚边缘硬度低，壁厚中间硬度高的现象。

四、金相分析

产品组织很大程度上决定其性能，为进一步分析半轴的性能，对其进行组织观察。经

4％的硝酸酒精溶液腐蚀 30s 左右后，产品的金相组织如图 4-29 所示，图 4-29（a）为原始坯料的组织，组织无任何方向性特点，材料中存在个别的小孔隙；相较原始坯料，图 4-29（b）产品的截面金相图片中，孔隙数量大大减少，且存在的孔洞直径也普遍要小一些，这是因为径向锻造成形产品时，锻件三向受压，材料形变较大，在压力作用下，使得材料的致密性增强，存在于坯料中的空隙逐渐变小或变成闭合状态甚至被完全锻合。中南大学的谢飞等利用径向锻造法制备钨铜合金时，取得了类似的效果，有效提高了产品的密度，改善了产品的空隙率。另外，产品具有明显的纤维组织，即通常所说的流线。流线与产品外形走向吻合较好，对产品的综合性能有利，从而可以减小产生裂纹的趋势。流线分布具有差异性，内壁金属纤维组织很明显，往外流线逐渐变少，靠近外壁时，看不到明显的流线。

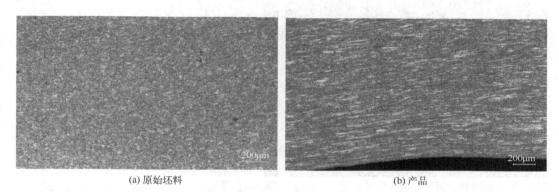

(a) 原始坯料　　　　　　　　　　　　　(b) 产品

图 4-29　原始坯料和试制样件的截面形貌

五、显微组织

为了进一步观察组织形貌，把汽车半轴样件剖开，取其一端，然后在不同部位上切割取样，用扫描电镜观察各个部位的组织，各部位对应位置如图 4-30 所示。图 4-31 为坯料以及选取的尺寸变化较大部位的 SEM 组织图片。图 4-31（a）为原始管坯的组织，钢的组织为铁素体和珠光体，珠光体主要沿铁素体晶界呈网状分布，铁素体和珠光体的晶粒分布均匀且都比较细小。图 4-31（b）对应部位 1 处的微观形貌，图上可以看出，边缘处的弥散物较中间处少，晶粒较大，晶粒顺着产品外形方向呈长条状，这主要是因为部位 1 处的壁厚很薄，且要薄于原始管坯壁厚，该处的材料在轴向方向上产生的形变最大。

图 4-30　取样部位

图 4-31（c）和图 4-31（d）分别是部位 4 和部位 6 处的组织图，这两个部位的微观形貌基本相同，归因于这两个部位壁厚相差不大，材料变形状况差不多。区别于原始坯料，这两个部位的晶粒轮廓相当清楚，特别是边缘处的晶粒，其形状接近规则的多边形，稍远

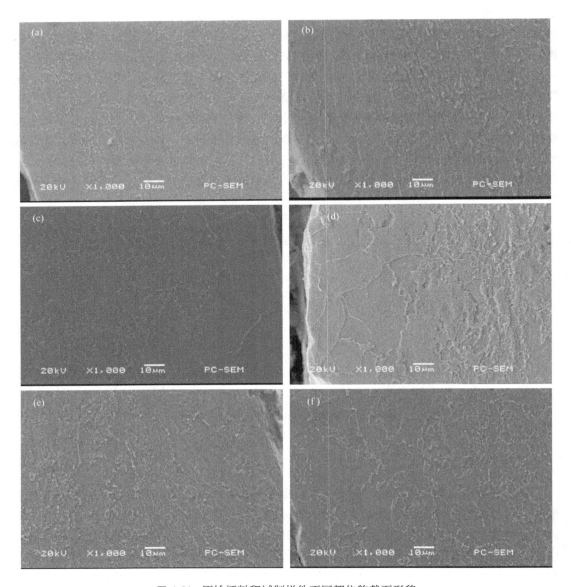

图 4-31 原始坯料和试制样件不同部位的截面形貌

离边缘处的晶粒较细小，相互连接，呈网状。这可能是因为在锻打压力的作用下，材料变形流动，边缘处受到阻力作用大，材料流动小，其能量只足以让晶界做微小迁移，因此晶界变得更加分明，而壁厚中间处的材料变形大，初始的粗大晶粒就会被破碎成细小的晶粒，细小的晶粒相互连接而成网状结构。图 4-31（e）为部位 7 环槽所在处的组织，环槽部位是整根半轴材料形变最大的部位之一，因而晶粒的细化效果相对较明显，绝大多数的原始大晶粒都被破碎细化了。部位 9 的组织如图 4-31（f）所示，晶粒细化效果处于部位6 与部位 7 之间，部分初始晶粒破碎了，但破碎不太完全，考虑到该部位的变形程度也是鉴于部位 6 与部位 7 之间，则较容易理解其原因。综上可得，径向锻造变形对材料的组织具有较明显的晶粒细化作用，有利于改善成形产品的性能。

六、汽车空心半轴的热处理

渗碳是针对低碳钢（碳素钢或合金钢）进行的一种化学热处理工序。渗碳的主要作用是提高工件表面碳浓度，以便淬火后达到提高表面硬度和耐磨性的目的。有些工件，如机器轴类件、齿轮等，要求部分工作表面（轴承位、花键位或齿轮齿面等）具有高硬度、高耐磨性，同时又要求心部具有较高的抗冲击性能，以承受冲击载荷。利用低碳钢加渗碳淬火处理，就可以较好地达到这个目的：低碳钢心部抗冲击性能较高，表面渗碳后经淬火处理，硬度和耐磨性提高。渗碳后淬火加低温回火是达到表层高硬度的热处理方式，淬火后低温回火，表层得到回火马氏体组织，硬度可在 55～60HRC，耐磨性达到较高水平。准备多用炉，检查多用炉是否能正常运行，进炉前温度是否正常，是否符合工艺要求。检查装具，装具是否完好。检查

图 4-32 零件摆放示意图

料车是否能正常运行。产品进、出炉时，操作人员必须穿戴好劳动保护用品。检查完毕合格后，将零件放入多用炉中加热，摆放方式按图 4-32 所示垂直摆放，并做好相关的监控记录。

1. 渗碳程序设置

910℃，碳势 1.05％，保温 5h 后随炉降温至 840℃，碳势 0.90％，保温 40min 后油冷（如图 4-33 所示）；渗碳后外观如图 4-34 所示。

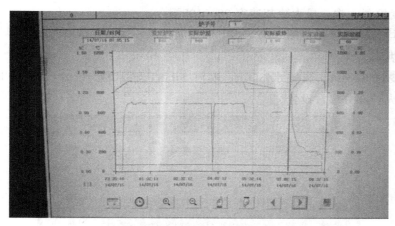

图 4-33 渗碳程序设置曲线

2. 淬火炉控制要求（三种参数）

① 油温 60～80℃，冷却电机设定慢速搅拌 1000r/min，120s；快速搅拌 1200r/min，180s；总时间 20min。

② 油温 60～80℃，冷却电机设定慢速搅拌 1000r/min，120s；快速搅拌 1200r/min，180s；总时间 20min。

③ 油温 60～80℃，冷却电机设定：停止搅拌 3s，慢速搅拌 1000r/min，120s；快速

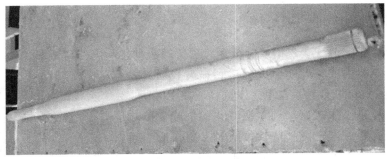

(a) 整体外观图

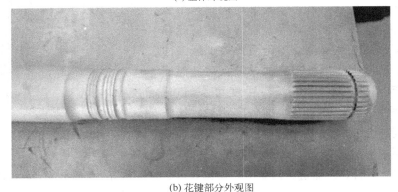

(b) 花键部分外观图

图 4-34 汽车半轴渗碳后外观图

搅拌 1200r/min，180s；总时间 20min。

④ 淬火油按《周期式多用炉生产线操作施工手册（通用）RT203-2 册》检测，油冷却特性每季度检测一次，最大冷却速度 90～105℃/s。

⑤ 炉温均匀性每半年检测一次，热电偶每周校对一次，定碳每月一次。

3. 清洗烘干

清洗液浸洗 10min，滴碱水 5min，喷淋 5min，滴水/吹干 40min，总时间 60min。图 4-35 为淬火炉部分参数设置。

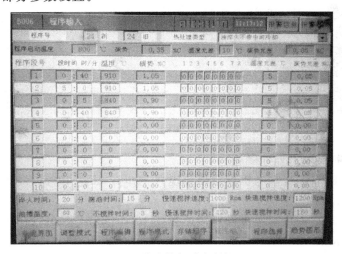

图 4-35 淬火炉部分参数设置

4. 回火程序设置（三种参数）

① 160℃，保温时间 2h，出炉空冷。

② 180℃，保温时间 2h，出炉空冷。

③ 160℃，保温时间 3h，出炉空冷。

三种不同的渗碳淬火＋回火工艺参数如表 4-8 所示。

表 4-8　三种不同的渗碳淬火+ 回火工艺参数

序号	渗碳	淬火			回火	
		淬火介质及温度	搅拌速度及时间	回火温度 $T/℃$	保温时间 t/h	冷却方式
1	910℃,碳势 1.05%,保温 5h 后随炉降温至 840℃,碳势 0.90%,保温 40min	油冷 60～80℃	慢速搅拌 1000r/min,120s; 快速搅拌 1200r/min,180s; 总时间 20min	160	2	出炉空冷
2				180		
3			停止搅拌 3s 慢速搅拌 1000r/min,120s; 快速搅拌 1200r/min,180s; 总时间 20min	160	3	

5. 其他要求

① 每炉最多可装 150 件，按照图 4-32 所示竖直插装、无互相挤压。

② 热处理过程保证氮气流量 4.5m³/h 左右。

③ 整个加热过程操作人员必须随时观察炉温，严禁跑温现象出现。

④ 进炉、出炉和冷却过程，操作人员必须认真按照操作规程操作，严防安全事故的出现。

⑤ 热处理结束后的产品，应立即送到规定的地点进行下一道的产品生产工序。

⑥ 热处理操作人员必须对炉内的炉渣及设备周围、电器控制柜等进行定期清洁处理工作，保持整洁文明生产，在清洁炉内炉渣和对仪表控制柜进行清洁处理时，必须首先切断设备电源。

⑦ 热处理值班人员，应提前 10min 做好产品出炉的准备工作。

出炉后的零件必须抽检表面硬度（HRC），渗碳层深度，检测金相组织，抽样比例为 2 件/炉，并保存理化检测报告单。零件合格后放入规定装具，并摆放到规定地点，将现场清理干净，保持现场清洁。详细记录热处理过程中的各项数据，以备需要时查证。对设备进行定期维护，以延长设备的使用周期。

6. 不同回火温度和不同保温时间对材料组织及性能的影响

（1）显微组织

如图 4-36 所示是经 910℃加热渗碳淬火后分别在 160℃和 180℃的温度下保温 2h 后的 25CrMo4 钢制汽车空心半轴从表层到心部的显微组织。对 25CrMo4 钢在同一回火保温时间下回火后的显微组织进行分析，可以看到在 160℃和 180℃回火时，所得到的组织均为回火马氏体＋残余奥氏体和均匀细小的粒状碳化物，从表层到心部呈现组织的梯度变化，

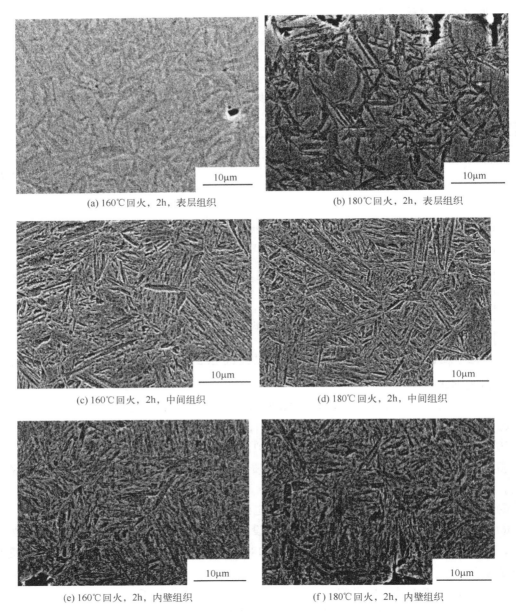

(a) 160℃回火，2h，表层组织   (b) 180℃回火，2h，表层组织

(c) 160℃回火，2h，中间组织   (d) 180℃回火，2h，中间组织

(e) 160℃回火，2h，内壁组织   (f) 180℃回火，2h，内壁组织

图 4-36 不同回火温度下的显微组织

回火马氏体逐渐减少，大部分组织形貌呈现为针状，在回火过程中，淬火马氏体发生回火转变形成了回火马氏体，和淬火马氏体相比，回火马氏体既保持了钢的高硬度、高强度和良好的耐磨性，又适当提高了韧性。

对于 25CrMo4 钢，表面心部的组织均为回火马氏体和粒状碳化物，在不同温度下，显微形貌和含量均相差不大，不过表层组织相对心部更加细小，这就保证了钢表面的高硬度和良好耐磨性。

如图 4-37 所示是经 910℃ 加热渗碳淬火后在 160℃ 的温度下分别保温 2h 和 3h 后的 25CrMo4 钢制汽车空心半轴从表层到心部的显微组织。

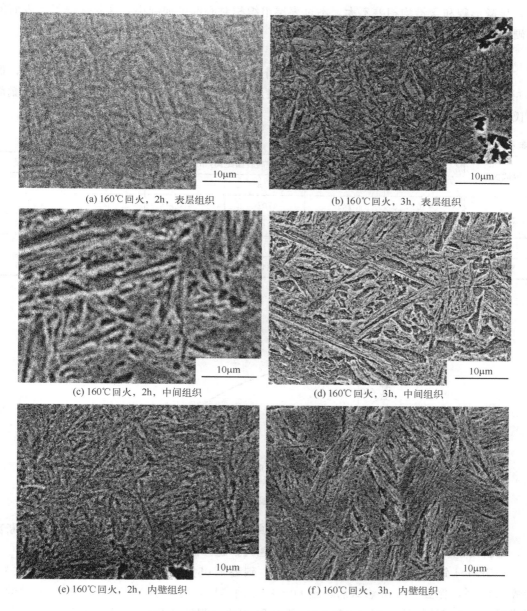

(a) 160℃回火，2h，表层组织

(b) 160℃回火，3h，表层组织

(c) 160℃回火，2h，中间组织

(d) 160℃回火，3h，中间组织

(e) 160℃回火，2h，内壁组织

(f) 160℃回火，3h，内壁组织

图 4-37　不同保温时间下的显微组织

对 25CrMo4 钢在同一回火温度下回火后的显微组织进行分析，可以看到在保温 2h 和 3h 的显微组织中，所得到的组织为回火马氏体＋残余奥氏体和均匀细小的粒状碳化物，从表层到心部呈现组织的梯度变化，回火马氏体逐渐减少，大部分组织形貌呈现为针状。保温 3h 和保温 2h 的组织对比，发现在保温 3h 过程中，其组织仍有进一步转变，残余奥氏体量进一步减少，回火马氏体也得到进一步转变。在回火过程中，淬火马氏体发生回火转变形成了回火马氏体，和淬火马氏体相比，回火马氏体既保持了钢的高硬度、高强度和良好的耐磨性，又适当提高了韧性。

对于 25CrMo4 钢，表面心部的组织均为回火马氏体和粒状碳化物，在不同保温时间下，显微形貌和含量均相差不大，不过表层组织相对心部更加细小，这就保证了钢表面的高硬度和良好耐磨性。

（2）显微硬度

如表 4-9 和图 4-38 所示为 25CrMo4 钢精锻汽车空心半轴经 910℃，碳势 1.05%，保温 5h 后随炉降温至 840℃，碳势 0.90%，保温 40min 渗碳后，经 60～80℃油淬后的截面洛氏硬度值和截面的硬度变化曲线。

▫ **表 4-9　淬火后截面显微硬度（HV）**

测试次数	离表面距离/mm					
	0.15	0.3	0.5	0.7	0.9	1.1
1	760	741	702	670	625	510
2	799	746	640	658	618	572.8
3	755	737.3	711	658	651	548
平均值	771.3	741.4	684.3	662	631.3	543.6

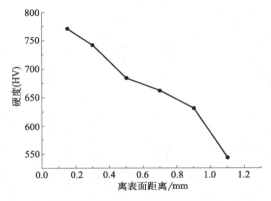

图 4-38　淬火后截面硬度变化曲线

可以看出，渗碳淬火后，随着离表面距离的增加，空心半轴材料的洛氏硬度不断减小，也就是说，距离表面越近的地方，硬度越大；越靠近心部的位置，硬度越小。

25CrMo4 钢精锻汽车空心半轴经 910℃，碳势 1.05%，保温 5h 后随炉降温至 840℃，碳势 0.90%，保温 40min 渗碳后，经 60～80℃油淬后，再经 160℃回火，保温 3h 后的两端花键（A）、花键（B）和 $d=30$mm（C）等 3 处（测试的部位如图 4-39 所示）的截面显微硬度值见表 4-10 和截面的硬度变化曲线见图 4-40。

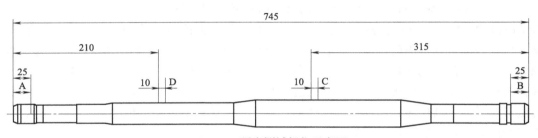

图 4-39　硬度测试部位示意图

测试部位	离表面距离/mm			
	0.6	0.7	0.8	0.9
花键（A）	583	553	524	501
花键（B）	611	573	544	497
$d=30mm$ 处（C）	653	634	592	558

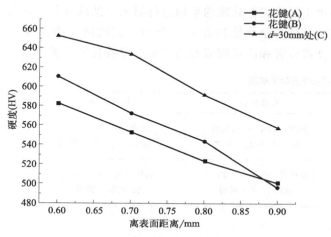

图 4-40　回火后不同部位的截面硬度变化曲线

可以看出，渗碳淬火并回火后，随着离表面距离的增加，空心半轴材料的显微硬度不断减小，也就是说，距离表面越近的地方，硬度越大；越靠近心部的位置，硬度越小。硬度变化规律和渗碳淬火后的变化规律基本一致，不过回火后不管是表面硬度还是心部硬度均稍有下降，且 A、B 花键处的硬度要低于 $d=30mm$（C）的光轴处的硬度。

渗碳使钢件表面得到高碳，淬火获得表层组织为马氏体＋碳化物＋残余奥氏体的高硬度、高耐磨性的表面，而心部为低碳马氏体＋铁素体，仍然保持一定强度及较高的塑性和韧性；低温回火后可减少或消除表面淬火内应力和脆性，得到表层组织为针状回火马氏体＋粒状碳化物＋少量残余奥氏体的较高硬度的表面，而心部组织为回火低碳马氏体＋铁素体，保持较高的塑性和韧性。

回火是汽车空心半轴的最终热处理，对组织性能起着决定性的影响作用。25CrMo4 淬火获得的是淬火马氏体组织，在回火过程中，固熔在马氏体中的碳，以碳化物形式析出，形成弥散碳化物分布在铁素体基体中，使组织性能得到优化；随着回火温度和时间的变化，碳原子的扩散速度和程度也不同，马氏体析出的铁素体和渗碳体形态略有差异，最终的强度和硬度也会有所不同。在回火温度 160℃ 和 180℃ 时，显微组织大小及形貌并无明显差异；在回火保温 3h 和保温 2h 的组织对比中，发现在保温 3h 过程中，其组织仍有进一步转变，残余奥氏体量进一步减少，回火马氏体也得到进一步转变，说明保温 2h 的回火不充分，存在较大内应力，会降低疲劳性能，则该试样保温 2h 的回火是不充分的。在回火过程中，淬火马氏体发生回火转变形成了回火马氏体，和淬火马氏体相比，回火马氏体既保持了钢的高硬度、高强度和良好的耐磨性，又适当提高了韧性。回火温度

160℃，保温 3h 后的半轴的硬度及渗碳层深度均能达到汽车空心半轴的使用要求。通过以上分析，25CrMo4 钢精锻汽车空心半轴在 910℃ 渗碳后，经 60～80℃ 油淬，最佳的热处理回火温度为 160℃，保温时间 3h。

7. 力学性能及跳动检测

（1）力学性能测试

半轴在工况下，主要承受扭矩的作用，因而有必要对其相关抗扭性能进行检测。分别在德国 SCHENCH&MTS 公司生产的耐久试验机上和国产自行组装的静扭试验设备上，对经过合理渗碳淬火＋回火工艺处理的半轴进行耐久（低载疲劳、高载疲劳）和静扭性能测试，已测试完成的零件力学性能如表 4-11 所示。试验结果都合格，其中半轴的耐久性能表现尤为优异，低载疲劳和高载疲劳寿命均远超过各自的要求值。

▫ 表 4-11　半轴耐久性能和静扭检测结果

试验内容	低载疲劳	高载疲劳	极限静扭
标准值	加载 1550N·m，扭转 10000 次不发生断裂	加载 2600N·m，扭转 100 次不发生断裂	≥3300N·m
试验结果	两根样件分别在 23715 次、26814 次发生断裂	两根样件分别在 190 次、195 次发生断裂	两根样件分别为：3423.2N·m、3452N·m

（2）跳动检测

为满足轴类零件图样上同轴度的要求，测量时习惯用径向圆跳动代替同轴度要求。实际上工艺人员都在不知不觉地使用测量跳动原则对产品进行快速经济的检测。跳动检测的八个部位示意图见图 4-41 及第一次、第二次和第三次热处理后的汽车空心半轴的跳动检测结果分别如表 4-12、表 4-13 和表 4-14 所示。

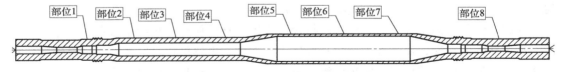

图 4-41　跳动检测部位示意图

▫ 表 4-12　第一次热处理后的跳动检测结果

第一次热处理半轴跳动检测							
工艺流程	精锻—渗碳淬火回火						
件号	部位 1	部位 2	部位 3	部位 4	部位 5	部位 6	部位 7	部位 8
跳动要求/mm	0.25	1.2	1.2	1.2	1.2	1.2	1.2	0.25
精锻后跳动/0.01mm							
1	8	9	17	23	28	21	23	21
2	7	17	19	26	28	27	30	24
3	5	11	11	12	17	15	12	5
4	7	10	11	13	19	15	21	23
5	8	5	5	8	12	7	10	5

渗碳后跳动/0.01mm

2	30	37	78	98	102	104	100	52
3	42	65	80	100	100	89	81	27
4	22	35	56	92	103	95	104	48
5	32	55	63	75	68	90	79	36

校直后跳动/0.01mm

2	6	5	6	5	4	8	3	4
3	14	13	13	12	13	13	14	16
4	12	14	17	19	15	18	20	25
5	12	5	9	11	15	11	13	10

回火后跳动/0.01mm

2	15		10			5		5
3	15		12			15		15
4	12		15			20		25
5	13		10			15		10

⊡ **表4-13 第二次热处理后的跳动检测结果**

<table>
<tr><td colspan="9" align="center">第二次热处理半轴跳动检测</td></tr>
<tr><td>工艺流程</td><td colspan="8" align="center">精锻—恢复再结晶—渗碳淬火回火</td></tr>
<tr><td>件号</td><td>部位1</td><td>部位2</td><td>部位3</td><td>部位4</td><td>部位5</td><td>部位6</td><td>部位7</td><td>部位8</td></tr>
<tr><td>跳动要求/mm</td><td>0.25</td><td>1.2</td><td>1.2</td><td>1.2</td><td>1.2</td><td>1.2</td><td>1.2</td><td>0.25</td></tr>
<tr><td colspan="9" align="center">精锻后跳动/0.01mm</td></tr>
<tr><td>1</td><td>9</td><td>8</td><td>16</td><td>24</td><td>27</td><td>23</td><td>19</td><td>21</td></tr>
<tr><td>2</td><td>7</td><td>16</td><td>19</td><td>23</td><td>28</td><td>25</td><td>29</td><td>21</td></tr>
<tr><td>3</td><td>7</td><td>17</td><td>20</td><td>20</td><td>23</td><td>23</td><td>20</td><td>14</td></tr>
<tr><td>4</td><td>5</td><td>11</td><td>13</td><td>13</td><td>18</td><td>15</td><td>23</td><td>21</td></tr>
<tr><td>5</td><td>8</td><td>8</td><td>7</td><td>9</td><td>13</td><td>10</td><td>12</td><td>9</td></tr>
<tr><td colspan="9" align="center">渗碳后跳动/0.01mm</td></tr>
<tr><td>2</td><td>28</td><td>32</td><td>60</td><td>80</td><td>84</td><td>85</td><td>85</td><td>35</td></tr>
<tr><td>3</td><td>30</td><td>35</td><td>59</td><td>75</td><td>80</td><td>83</td><td>81</td><td>27</td></tr>
<tr><td>4</td><td>22</td><td>35</td><td>56</td><td>72</td><td>85</td><td>80</td><td>69</td><td>40</td></tr>
<tr><td>5</td><td>32</td><td>49</td><td>56</td><td>59</td><td>63</td><td>51</td><td>36</td><td>30</td></tr>
<tr><td colspan="9" align="center">校直后跳动/0.01mm</td></tr>
<tr><td>2</td><td>7</td><td>5</td><td>8</td><td>10</td><td>11</td><td>8</td><td>6</td><td>8</td></tr>
<tr><td>3</td><td>10</td><td>8</td><td>10</td><td>7</td><td>6</td><td>7</td><td>5</td><td>4</td></tr>
<tr><td>4</td><td>14</td><td>13</td><td>15</td><td>13</td><td>9</td><td>12</td><td>16</td><td>16</td></tr>
<tr><td>5</td><td>12</td><td>6</td><td>8</td><td>10</td><td>16</td><td>12</td><td>10</td><td>12</td></tr>
<tr><td colspan="9" align="center">回火后跳动/0.01mm</td></tr>
<tr><td>2</td><td>10</td><td></td><td>11</td><td></td><td></td><td>8</td><td></td><td>10</td></tr>
<tr><td>3</td><td>13</td><td></td><td>10</td><td></td><td></td><td>14</td><td></td><td>15</td></tr>
<tr><td>4</td><td>12</td><td></td><td>15</td><td></td><td></td><td>16</td><td></td><td>18</td></tr>
<tr><td>5</td><td>15</td><td></td><td>10</td><td></td><td></td><td>15</td><td></td><td>12</td></tr>
</table>

⊡ 表 4-14 第三次热处理后的跳动检测结果

第三次热处理半轴跳动检测								
工艺流程	精锻—恢复再结晶—校正—渗碳淬火回火							
件号	部位1	部位2	部位3	部位4	部位5	部位6	部位7	部位8
跳动要求/mm	0.25	1.2	1.2	1.2	1.2	1.2	1.2	0.25
精锻后跳动/0.01mm								
1	8	9	12	9	10	10	9	7
2	5	5	8	8	9	12	7	6
3	7	11	11	9	10	9	8	5
4	6	8	8	10	9	10	5	6
5	5	8	8	5	12	7	7	5
渗碳后跳动/0.01mm								
2	22	35	28	30	35	32	22	8
3	20	33	27	27	33	18	20	27
4	22	35	43	46	38	38	52	24
5	25	40	35	47	47	38	36	26
校直后跳动/0.01mm								
2	7	13	7	6	8	8	6	7
3	12	10	11	13	11	13	12	15
4	10	13	15	14	16	18	13	10
5	9	8	12	9	15	13	11	9
回火后跳动/0.01mm								
2	12		13			12		9
3	12		12			14		15
4	9		14			18		15
5	10		12			15		11

第三次的试制中最终热处理后的变形量得到了有效的控制，校正量大大减少，减少了产品的残余内应力。校正件数比例由 100% 下降到 58%。最大校正量由第一次的 0.52－0.25＝0.27mm，下降到第三次交样合格的 0.27－0.25＝0.02mm。

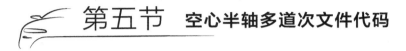

第五节　空心半轴多道次文件代码

工序一程序代码：

```
{ Pass1=
    { At Each Blow=
    { Object Displacement=
```

```
        { Name= 坯料 }
        { Translation= 0 0 -2 }
        { Rotation=
            { Angle= 12 }
            { Axis= 0 0 1 }
            { Point= 0 0 0 }
        }
    }
                    { Object Displacement=
        { Name= 芯轴 }
        { Translation= 0 0 -2 }
    }
    }
  { Number Of Blows= 145 }
      { Active Boxes= -1 }
  { Final Height= 5 }
}
{ Pass2=
      { At Each Blow=
      { Object Displacement=
          { Name= 坯料 }
          { Translation= 0 0 2 }
      }
                    { Object Displacement=
          { Name= 芯轴 }
          { Translation= 0 0 2 }
      }
  }
  { Number Of Blows= 150 }
      { Active Boxes= -1 }
  { Final Height= 4 }
}

{ Pass3=
      { At Each Blow=
      { Object Displacement=
          { Name= 坯料 }
          { Translation= 0 0 -2 }
          { Rotation=
```

```
                    { Angle= 12 }
                    { Axis= 0 0 1 }
                    { Point= 0 0 0 }
                }
            }
                        { Object Displacement=
            { Name= 芯轴 }
            { Translation= 0 0 -2 }
        }
    }
    { Number Of Blows= 155 }
        { Active Boxes= -1 }
    { Final Height= 3 }
}


{ Pass4=
        { At Each Blow=
        { Object Displacement=
            { Name= 坯料 }
            { Translation= 0 0 2 }
            { Rotation=
                { Angle= 12 }
                { Axis= 0 0 1 }
                { Point= 0 0 0 }
            }
        }
                        { Object Displacement=
            { Name= 芯轴 }
            { Translation= 0 0 2 }
        }
    }
    { Number Of Blows= 160 }
        { Active Boxes= -1 }
    { Final Height= 2 }
}


{ Pass5=
        { At Each Blow=
        { Object Displacement=
```

```
        { Name= 坯料 }
        { Translation= 0 0 -2 }
        { Rotation=
            { Angle= 12 }
            { Axis= 0 0 1 }
            { Point= 0 0 0 }
        }
    }
                    { Object Displacement=
        { Name= 芯轴 }
        { Translation= 0 0 -2 }
    }
  }
  { Number Of Blows= 165 }
      { Active Boxes= -1 }
  { Final Height= 1 }
}

{ Pass6=
    { At Each Blow=
    { Object Displacement=
        { Name= 坯料 }
        { Translation= 0 0 2 }
        { Rotation=
            { Angle= 12 }
          { Axis= 0 0 1 }
          { Point= 0 0 0 }
        }
    }
                    { Object Displacement=
        { Name= 芯轴 }
        { Translation= 0 0 2 }
    }
  }
  { Number Of Blows= 170 }
      { Active Boxes= -1 }
  { Final Height= 0 }
}
```

第五章

汽车空心转向轴径向锻造

第一节　汽车空心转向轴特点及径向锻造成形分析

一、空心转向轴结构特点

图 5-1 为空心转向轴的零件图，从图中可以看到该转向轴的总长度约为 250mm，由三段组成：内齿段、原始段以及台阶段。内齿段的成形长度约为 95mm，外径为 ϕ24mm，该段的内表面需由径向锻造成形出与配合零件连接的内花键，精度要求高；原始段的长度约为 50mm，外径与坯料都为 ϕ27mm，该段无须锻造变形，只需保留一段特定长度的坯料；台阶段的形状较复杂，它由两段变径的台阶面组成，需要先将剩余的坯料全部径向锻造为直径 ϕ21mm 的较大台阶尺寸，再保留长度为 60mm 的大台阶段，将剩下的部分经径向锻造成形为 ϕ16mm 的小台阶段，小台阶段的长度需保证大于 40mm。该汽车空心转向轴锻件需要加工的部位很少，大部分特征区域都是通过径向锻造直接成形，例如内齿段需一次性径向锻造出满足要求的内齿，其内齿不允许出现缺齿、烂牙等影响外观、装配和性能的缺陷；台阶段也只留有极少部分的机械加工余量来满足配合面的表面精度，其外圆面外观上不允许出现凹坑等缺陷。该零件实现了近净成形少切削或无切削的目的，极大地提

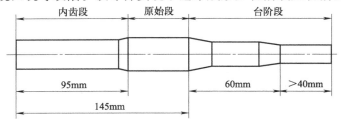

图 5-1　空心转向轴锻件简图

高了材料利用率。因此该汽车空心转向轴成形的难点在于成形出满足精度要求的内齿以及相应的台阶段。

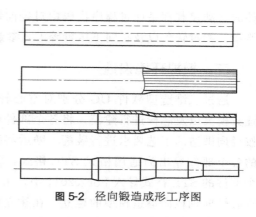

图 5-2 是空心转向轴的锻造工序排布图，根据材料在发生变形时的体积不变原理，并考虑满足设计要求的加工余量和径向锻造成形材料的变形特点，通过计算可知采用长度为210mm，内径和外径分别为 $\phi20mm$ 和 $\phi27mm$ 的无缝钢管作为坯料较合理，无缝钢管坯料由供应商提供。汽车空心转向轴需要三个径向锻造成形工序：第一工序是成形内齿段；第二工序是台阶段的初步成形工序；第三工序是经过一部分区域的二次下压完成台阶段终成形。在第一工序中，需要将外径为 $\phi27mm$ 的无缝钢管坯料经过 1.5mm 的下压量变形成外径为 $\phi24mm$ 的内齿段，内齿段的长度需达到95mm，同时径向锻造出的内齿大径为 $\phi20mm$，小径为 $\phi18mm$；第二工序中，需保留一段长度约为50mm的坯料作为无须变形的原始段，从原始段的尾部开始初步径向锻造出较大台阶段，经径向锻造成形后的较大台阶的直径为 $\phi21mm$，其下压量较大，为3mm；第三工序是台阶段的最终成形，在成形时该区域内部不贴芯轴，以满足后续的外螺纹和外花键的加工对壁厚的要求，经过径向锻造成形后的小台阶外径为 $\phi16mm$，在径向锻造时需保证小台阶段的长度大于40mm。经过以上三个工序，可以成形出汽车空心转向轴锻件。

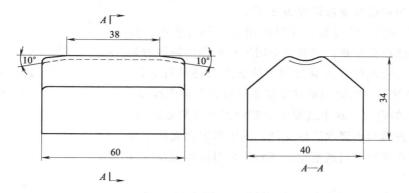

图 5-3 径向锻造锤头模具示意图

在成形汽车空心转向轴的过程中，由于三个工序所成形部位的形状特点一样，因此其锤头模具的结构也相似。根据径向锻造模具的相关设计准则，查阅相关手册和设计准则，设计的锤头模具结构及尺寸如图 5-3 所示，锤头模具成形面的直径为 $\phi17mm$，另外，由于汽车空心转向轴属于冷锻成形，为了增加材料的流动性，设计其入模角为 10°。

图 5-4 是各部件的三维模型及运动示意图，当径向锻造指令发出时坯料和芯棒将随着设备的进给装置作轴向的进给运动以及轴向的转动，此时，均匀分布在坯料四周的四瓣锤头模具将在设备的控制下作径向的下压运动。由此，伴随着锤头模具的不断下压锻打，坯料和芯棒一边旋转一边作轴向运动的径向锻造不断进行，最终完成材料的变形。以上各部

件的运动控制都是通过程序代码中对径向锻造轴向进给量、相对转角以及径向下压量等工艺参数完成的。

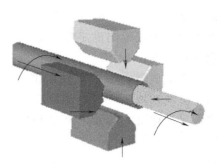

图 5-4　各部件的三维模型和运动方向

二、模拟环境设置

通过三维造型软件 UG 分别对空心转向轴坯料、锤头模具以及芯棒进行建模，将各个部件的三维模型按径向锻造的工艺要求进行装配，随后将装配模型中的各个部件导出为通用格式 STL 格式，将导出的各个部件的 STL 格式导入 Forge2011 中，由此便完成了空心转向轴径向锻造模型的建立。在建立好径向锻造模型后还要结合实际生产条件和特点对数值模拟过程中必需的工艺参数进行设置，数值模拟过程中需设置的参数如下：

① 网格的划分：将导入的模型进行网格的划分，网格的划分精度直接影响到数值模拟结果的准确程度，对于汽车空心转向轴的径向锻造成形数值模拟，将其坯料进行表面网格划分，网格的尺寸为 1.5，对于有特殊变形的部位再进行局部网格的划分。

② 材料的设置：汽车空心转向轴的材料为 08 钢，在数值模拟软件 Forge2011 所自带的材料库中没有这种材料的相关数据，因此选择与其性能相近的低碳钢代替；模具的材料选用 Cr12MoV 冷作模具钢。

③ 温度的设置：由于汽车空心转向轴的变形量较小，在设计锻造工艺方案的时候设计的是冷锻，因此在这里将坯料和模具的初始温度都设置为 20℃。

④ 热交换条件的设置：在径向锻造成形过程中，材料因变形和摩擦会发热，模具也会因工作而产生局部的温度升高，需要将坯料与模具之间的热交换条件设置为钢-低温-弱，坯料与环境之间的热交换条件设置为空气冷却。

⑤ 压机的设置：这个过程中需要设置模具初始高度、进锤速度以及编写多道次工序文件，其中多道次文件主要控制压机带动坯料轴向进给量、坯料的相对转角以及模具径向进给量等。

图 5-5 是建立好的有限元分析模型，图中显示了坯料、模具锤头等各部分的模型，其中控制坯料轴向移动和转动的钳臂是通过夹持空间来定义的，在图中没有展现出来。

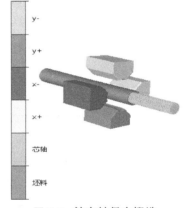

图 5-5　转向轴径向锻造成形有限元模型

第二节　工艺参数对汽车空心转向轴成形质量影响

在利用径向锻造技术生产汽车空心转向轴时，产品的质量会受到一些关键工艺参数的影响，如温度、锻件转速以及锻打速度等，采用合适的工艺参数不仅有利于材料的成形，还能获得组织性能良好的锻件，例如在径向锻造时增大坯料的轴向速度可以减少锻件后续整形的次数，但是轴向速度过大会使锻件表面产生螺旋形的脊椎纹，降低其表面质量。因此，在利用径向锻造技术进行生产时，合理地选取工艺参数显得十分重要。本章节中主要涉及：锻件的转速和轴向进给量以及模具锻打速度和下压量对成形质量的影响。由于本章节所研究的汽车空心转向轴成形工序较多，考虑到数值模拟的效率和初衷，因此本小节选取材料成形较复杂，具有代表性的内齿段的成形过程作为对象来探究各个工艺参数对其成形质量的影响。在第一工序内齿段的成形过程中，需要将外径为 $\phi27mm$ 的无缝钢管坯料经过 1.5mm 的下压量使其外径变为 $\phi24mm$，内齿段的长度需达到 95mm，同时径向锻造出的内齿大径为 $\phi20mm$，小径为 $\phi18mm$。

一、锤头径向下压量

内齿段的单边下压量为 1.5mm，变形量较小，除了内齿段整体的成形质量外，最重要的是保证内腔齿形部分的成形质量。查阅齿轮成形的相关经验手册并结合径向锻造技术的成形特点，锤头径向下压量分别设定为 0.5mm、1mm、1.5mm，通过数值模拟结果来考察这三组参数的优劣性。

1. 对锤头载荷的影响

图 5-6 是各径向下压量下模具的行程及最大载荷情况，由于每部分模具的受力情况一

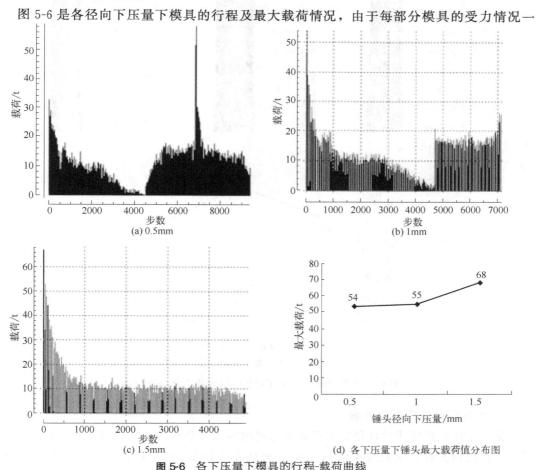

(a) 0.5mm

(b) 1mm

(c) 1.5mm

(d) 各下压量下锤头最大载荷值分布图

图 5-6 各下压量下模具的行程-载荷曲线

致，所以这里选取 y+部分模具作受力分析。在图 5-6（a）、（b）、（c）中可以看到，当下压量不同时模具行程曲线不同，因此其对应的成形效率也不同：下压量越小，所需的成形步数越多，加工效率越低，模具行程步数也越多。如在 0.5mm 的下压量下所需的成形步骤为 8000 多步，而在下压量为 1.5mm 时所需的成形步骤仅 4000 多步。最后图 5-6（d）表明模具的载荷随着其径向下压量的增大而变大，这与在其他参数不变时，模具径向下压量越大，模具所受作用力越大相一致。

2. 对材料等效应力的影响

各下压量下材料的应力情况如图 5-7 所示，应变分布情况图 5-7（a）、（b）、（c）表明：成形后材料等效应力的较大值分布在变形区的尾部。造成这一现象的原因可能是变形区尾端材料的变形不均匀。从图 5-7（d）可以看出，材料最大等效应力随着锤头径向下压量的增大先增大后减小，和等效应变的变化情况相似。

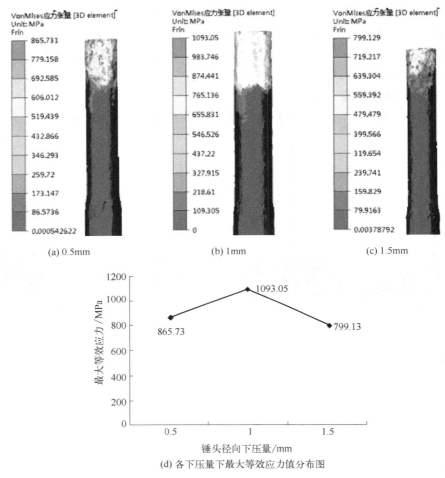

(a) 0.5mm   (b) 1mm   (c) 1.5mm

(d) 各下压量下最大等效应力值分布图

图 5-7 不同径向下压量下材料的等效应力分布情况图

3. 对材料等效应变的影响

第一工序成形完成后各径向下压量下材料的等效应变分布情况如图 5-8 所示，图中结果表明：材料的有效应变最小值为 3.65，出现在下压量为 0.5mm 时；最大有效应变为

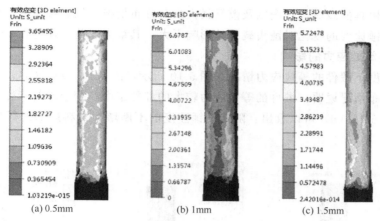

(a) 0.5mm   (b) 1mm   (c) 1.5mm

图 5-8 各径向下压量下材料的等效应变分布情况

6.68，出现在下压量为 1mm 时，且该条件下等效应变分布最均匀。出现这种现象的原因可能是因为径向下压量过小，材料变形不充分且不均匀，但是模具径向下压量太大，使材料在变形时产生加工硬化效果使变形困难，出现了等效应变反而减小的现象。

以上数值模拟结果表明，锤头径向下压量对汽车空心转向轴成形的影响主要表现在：锤头下压量越大，径向锻造的效率越高，模具所受的载荷也相应提高，但是径向下压量的增大会使得材料变形不均匀；当径向下压量为 1.0~1.5mm 时，等效应力有减小的趋势。

二、进锤速度

1. 对锤头载荷的影响

初步选取进锤速度为 5mm/s、7.5mm/s、10mm/s，保持其他参数不变。图 5-9 是不

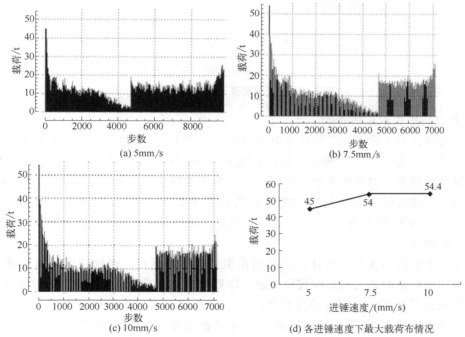

(a) 5mm/s   (b) 7.5mm/s

(c) 10mm/s   (d) 各进锤速度下最大载荷布情况

图 5-9 不同进锤速度下的行程-载荷曲线

同进锤速度下模具的载荷行程图以及模具最大载荷分布情况，根据各条件下载荷的分布图可以看出，进锤速度的变化对锤头载荷的影响不大，其最大载荷均保持在 45～54t 左右。

2. 对材料等效应力的影响

各进锤速度下锻件的等效应力情况如图 5-10 所示，图 5-10（a）、（b）、（c）中的材料等效应力的分布情况说明：锻件的等效应力较大的部位集中在变形段与未变形段之间的过渡区域。从图 5-10（d）可以看出：随着进锤速度的不断增大材料内部的等效应力有缓慢增加的趋势。

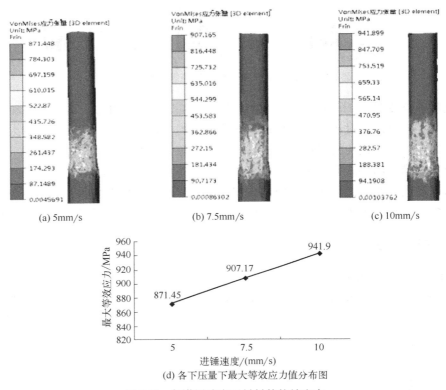

(a) 5mm/s　　　　　　(b) 7.5mm/s　　　　　　(c) 10mm/s

(d) 各下压量下最大等效应力值分布图

图 5-10　各进锤速度下材料的等效应力

3. 对材料等效应变的影响

由各进锤速度下锻件的等效应变分布云图 5-11 可知：当进锤速度为 5mm/s 时材料的等效应变最小，为 3.58，当锤头的锻打速度为 10mm/s 时等效应力达到最大值 4.68，随着进锤速度的增大，材料的变形变得剧烈，材料的等效应变也随之提高；从分布上来看，当锤头的锻打速度较低时，材料的等效应变值集中在 1.4～2.5 之间，当进锤速度大于 7.5mm/s 时，其值集中在 1.8～2.7 之间。因此，材料应变的规律和应力相似：随进锤速度的增大而提高。

根据以上各进锤速度下所获得的数值模拟结果可以看出：进锤速度对材料的等效应力、等效应变的影响较大且影响规律一致，即等效应力和等效应变都和进锤速度成正比关系，另外在变形区与未变形区的交界处由于变形不均匀出现了等效应力较大的现象；另外，进锤速度对模具的载荷的影响较小，各进锤速度下的模具载荷均保持在 45～54t 左右。

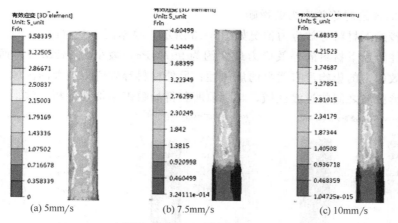

(a) 5mm/s (b) 7.5mm/s (c) 10mm/s

图 5-11 各进锤速度下材料的等效应变分布情况图

三、锻件转速

选择锻件的转速为 30r/min、50r/min、60r/min，经过计算后所得锻件的相对转角为 11°、18°、22°，通过在多道次文件中保持其他参数不变，改变锻件的相对转角来进行数值模拟。

1. 锻件的转速对锤头载荷的影响

图 5-12 是不同锻件转速下模具行程-载荷曲线以及各锻件转速下最大载荷值分布情况，从三个锻件转速下的模具行程-载荷曲线图 5-12（a）、（b）、（c）可以看出，不同锻件转速下模具所受载荷的变化趋势一致，都是在出现一个极值后逐渐变小，随后再出现一个增幅；通过图 5-12（d）中的最大载荷分布曲线可以看出各锻件转速下模具的最大载荷随着转速的提高而逐渐上升，但是其增幅很小，因此可以认为锻件转速对模具载荷的影响较小。

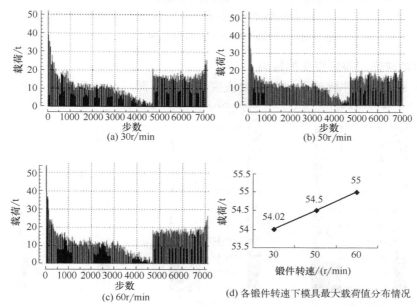

(a) 30r/min

(b) 50r/min

(c) 60r/min

(d) 各锻件转速下模具最大载荷值分布情况

图 5-12 不同锻件转速下模具行程-载荷

2. 锻件的转速对等效应力的影响

各锻件转速下材料等效应力情况如图 5-13 所示，根据图 5-13（a）、（b）、（c）可以看出在各个锻件转速下材料的等效应力最大约为 907MPa，最小为 848MPa，而且锻件的转速对材料等效应力的影响没有明显的规律性；另外材料等效应力最大的区域仍然集中在变形区与未变形区域之间的过渡区域，与之前所获得的数值模拟结果相一致。

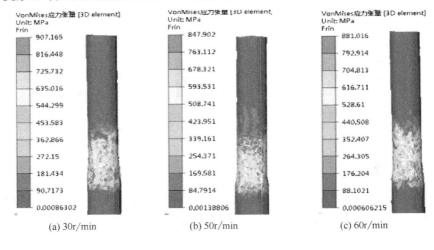

(a) 30r/min   (b) 50r/min   (c) 60r/min

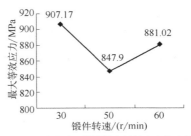

(d) 各锻件转速下材料最大等效应力值分布情况

图 5-13　不同锻件转速下材料等效应力分布云图

3. 锻件的转速对等效应变的影响

图 5-14 是不同锻件转速下材料等效应变的分布云图，由图可知在三个锻件转速下，

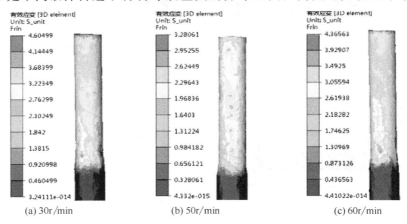

(a) 30r/min   (b) 50r/min   (c) 60r/min

图 5-14　各锻件转速下材料等效应变分布云图

材料的等效应变最大约为 4.6，最小约为 3.3，其值主要分布在 1.8～2.7 之间；从等效应变的分布规律来看，等效应变在较低锻件转速以及较高锻件转速下都会出现局部较高的情况，只有在锻件转速中等的情况下材料的等效应变值保持在较低水平，且整体上较均匀。

从以上关于不同锻件转速下的数值模拟结果可以看出：锻件转速对模具的载荷影响较弱，在不同的锻件转速下模具的最大载荷虽然有缓慢的增大趋势但是其增幅较小；材料的等效应力和等效应变的变化情况与锻件转速之间没有特定的线性关系，但在不同坯料转速下两者的变化情况相互对应，即当材料的等效应力较大时其等效应变也较大，反之较小。

四、锻件轴向进给量

初步选取锻件的轴向进给量分别为：0.5mm、1mm、1.5mm，在其余参数不变的条件下进行数值模拟分析。

1. 对模具载荷的影响

各锻件轴向进给量下模具行程及载荷情况如图 5-15 所示，根据图 5-15（d），模具的最大载荷随着锻件轴向进给量的增加先增大后降低，极值在中等轴向进给量下取得为 53t。

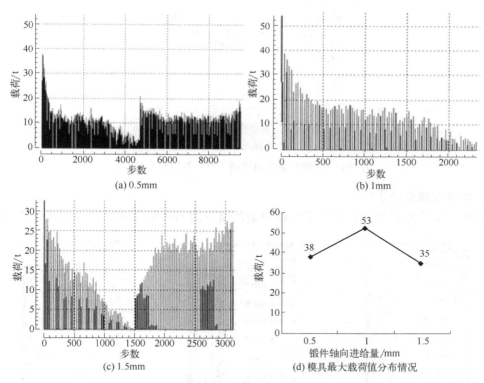

(a) 0.5mm

(b) 1mm

(c) 1.5mm

(d) 模具最大载荷值分布情况

图 5-15　各锻件轴向进给量下模具行程-载荷图

2. 对等效应力的影响

各锻件轴向进给量下材料等效应力情况如图 5-16 所示，由图 5-16（a）、（b）、（c）可知：在不同锻件轴向进给量下材料的等效应力分布较均匀，在锻件轴向进给量为 0.5mm 和 1.5mm 下，材料等效应力较大的区域集中在变形区与未变形区域之间的过渡段，但是在锻件轴向进给量为 1mm 时，材料等效应力较大的区域集中在变形区尾部的较小部分，这和图 5-7 中材料等效应力的分布规律一致。由图 5-16（d）可知材料的较大等效应力值出现在锻件轴向进给量较低或较高时。

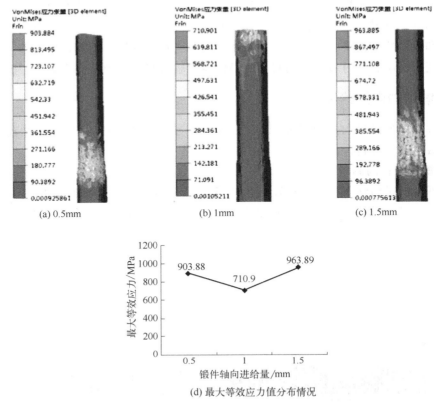

(a) 0.5mm   (b) 1mm   (c) 1.5mm

(d) 最大等效应力值分布情况

图 5-16 各锻件轴向进给量下材料等效应力情况

3. 对等效应变的影响

在图 5-17 中可以看到各锻件不同轴向进给量下材料等效应变的分布情况，图中的结

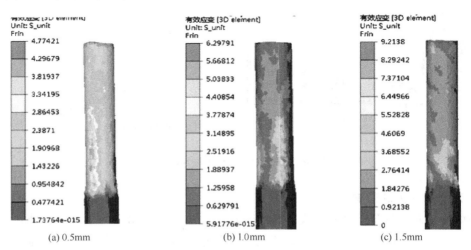

(a) 0.5mm   (b) 1.0mm   (c) 1.5mm

图 5-17 不同锻件轴向进给量下材料等效应变云图

果表明当轴向进给量增大时材料的等效应变也会随之增加，其最大值约 9.2；另一方面，当轴向进给量较小时材料应变不均，表面材料发生了不均匀变形，而在较高的轴向进给量下，材料的等效应变值都集中在低于 2.5 的区域内，只出现了极少部分的高应变区域，说明在锻件轴向进给量较大的情况下材料变形得更加均匀。

综合以上关于锻件的轴向进给量的数值模拟分析结果来看，锻件的轴向进给量对材料的等效应力、等效应变以及模具载荷的影响都较大；当坯料轴向进给量较小时材料的等效应变值也较小，材料的等效应变和坯料轴向进给量成正比关系，且当坯料轴向进给量较大时材料变形更加均匀。

第三节　基于正交试验的径向锻造成形参数优化

一、正交试验设计

1. 汽车空心转向轴实验评价指标以及因素水平

目前，在通过径向锻造制造的产品中，主要存在着材料折叠、裂纹及表面螺旋形脊椎纹等缺陷，就空心管轴类零件的径向锻造成形来说，在实际生产中主要需要监控的是材料折叠以及产品裂纹两方面的问题。所以，在数值模拟过程中需要将材料的折叠处数和有无裂纹的产生作为实验的衡量指标。一方面由于在有限元分析软件中很难直观地观察出产品在径向锻造过程中是否产生裂纹，因此，在实验中通过锻后材料最大等效应力的大小来判断零件发生开裂的倾向；另一方面，材料的折叠在实验结果中可以较直观地反映出来，因此，将材料折叠的严重程度用数字 0、1、2 来表示，0 代表无材料折叠发生，1 代表存在一定的材料折叠，2 代表材料折叠较严重。定义好了实验评价指标，就可以通过分析实验结果找到成形空心转向轴的较优工艺参数。

2. 正交试验表的设计

由于汽车空心转向轴的变形程度较小，采用的工艺是室温下的冷锻，因此在正交试验设计时不用考虑温度对成形质量的影响。除了温度以外，径向锻造成形汽车空心转向轴过程中主要需要控制锤头相对转角（A）、下压量（B）、进锤速度（C）以及坯料轴向进给量（D）这几个关键成形质量因素。通过相关的理论计算并结合实际生产条件确定数值模拟的锤头相对转角分别为 11°、18°、21°；锤头下压量分别为 0.5mm、1mm、1.5mm；进锤速度分别为 5mm/s、7.5mm/s、10mm/s；坯料轴向进给量分别为 0.5mm、1mm、1.5mm。正交试验因素水平表如表 5-1 所示。

⊡ 表 5-1　试验因素水平表

水平	因素			
	A/(°)	B/mm	C/(mm/s)	D/mm
1	11	0.5	5	0.5
2	18	1	7.5	1
3	21	1.5	10	1.5

在查阅相关正交试验设计准则后选用 $L_9(3^4)$ 的标准正交实验表来设计汽车空心转向轴的正交试验，根据相关的实验内容和实验结果得到表5-2，其中最大等效应力用 m 表示，材料的折叠情况用 n 表示。

▷ 表 5-2　正交实验方案及结果

序号	A	B	C	D	试验编号	m/MPa	n
1	1	1	1	1	$A_1B_1C_1D_1$	1091	1
2	1	2	2	2	$A_1B_2C_2D_2$	1194	1
3	1	3	3	3	$A_1B_3C_3D_3$	1186	1
4	2	1	2	3	$A_2B_1C_2D_3$	1090	1
5	2	2	3	1	$A_2B_2C_3D_1$	953	0
6	2	3	1	2	$A_2B_3C_1D_2$	1078	1
7	3	1	3	2	$A_3B_1C_3D_2$	1090	1
8	3	2	1	3	$A_3B_2C_1D_3$	951	0
9	3	3	2	1	$A_3B_3C_2D_1$	1151	1

3. 正交试验结果分析

通过对数值模拟软件中按照正交试验表的内容进行实验后所得到的实验数据进行分析处理，得到了如表5-3所示的 K 值和极差 R 值；为了更直观地分析各因素水平的 K 值情况，将表5-3中的相关数据绘制成各因素-指标趋势图，如图5-18所示。由于在表5-3中已经列出了各个影响因素对每个质量指标的极差值 R，R 值代表的是各因素对每个质量指标影响的程度，R 值越大代表该影响因素发生变化时引起质量指标数据的变化越大，反之越小。根据以上原理，可以得到各影响因素的主次顺序，即：对于质量指标最大等效应力（m），各影响因素的主次顺序为 A＞B＞C＞D；对于质量指标材料的折叠处数（n），各影响因素的主次顺序为 B＞A＝C＝D。另一方面，对于 m 和 n 来说都是 K 值越小越好，因

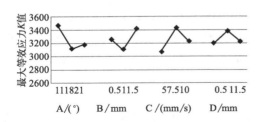

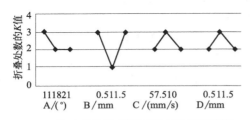

图 5-18　各工艺参数对不同指标的影响情况

此对于 m 最优工艺参数分别为：A_2、B_2、C_1、D_1；对于 n 最优工艺参数分别为：$A_{2\backslash3}$、B_2、$C_{1\backslash3}$、$D_{1\backslash3}$。综上所述，选择两组工艺参数的交集：A_2、B_2、C_1、D_1。综上所述，成形汽车空心转向轴的最优工艺为 $A_2B_2C_1D_1$，即：锤头相对转角为18°，下压量为1mm，进锤速度为5mm/s，坯料轴向进给量为0.5mm。

指标	项目	A	B	C	D
m/MPa	K_1	3471	3271	3120	3195
	K_2	3121	3098	3435	3362
	K_3	3192	3415	3229	3227
	极差 R	350	317	315	167
	主次因素	A＞B＞C＞D			
n	K_1	3	3	2	2
	K_2	2	1	3	3
	K_3	2	3	2	2
	极差 R	1	2	1	1
	主次因素	B＞A＝C＝D			

二、最优工艺参数模拟结果

将正交试验分析所获得的成形汽车空心转向轴的最优工艺参数于 Forge2011 中进行数值模拟研究，相关的模拟结果如下：

1. 成形状态和温度场

通过径向锻造工艺设计，成形汽车空心转向轴一共需要三个工序，通过数值模拟得到了各个工序变形完成后的情况和温度场分布，如图 5-19 所示。原始坯料是外径为 $\phi27mm$，内径为 $\phi20mm$ 的无缝钢管，在工序一的成形过程中，锤头模具的预成形面首先和坯料相接触，随着下压量的增大以及坯料不断被送进模具的成形面，坯料被逐渐成形为规定的形状和尺寸，由于在工序一的成形过程中，材料变形次数多、单次变形量较小为 1.5mm，所以在工序一完成后，在图 5-19（a）中可以看到坯料的温度变化较小，大部分区域温度保持在 30℃ 以下，只有局部很小一部分温度在 30℃ 以上。在第二工序成形过程中，坯料的变形量为 3mm，经过三次反复的下压变形成直径为 $\phi21mm$ 的大台阶段，变形完成后坯料的温度较低，温度分布情况良好。在成形汽车空心转向轴的最后工序，是将预成形出的台阶段的端部再次经过下压变形为壁厚较厚的小台阶段，材料单边的变形量为

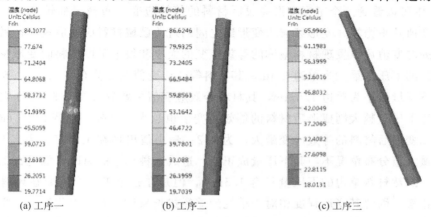

(a) 工序一　　　　　(b) 工序二　　　　　(c) 工序三

图 5-19　锻件各工序的成形状态及温度分布情况

2.5mm，从图 5-19（c）可以看出，由于第三工序材料的变形时间相对之前两个工序来说是最短的，所以在该工序变形完成后坯料整体的最高温度也最低。通过三个工序的变形，材料整体的变形状况较好，温度分布比较合理。

2. 模具载荷

各工序模具行程及载荷情况如图 5-20 所示。由图 5-20（a）可知，模具载荷是脉冲式的，由于冷锻过程中变形开始时坯料的温度较低，变形抗力大，所以模具的载荷在变形开始时较大；随着变形的不断进行，坯料逐渐被送进模具进行变形，剩余需要变形的坯料逐渐变少，同时坯料的温度逐渐升高，材料软化，锤头的载荷也有降低的趋势，因此模具所受的载荷也越来越小。在第二阶段变形时，随着变形程度的加大，材料发生加工硬化效果，使得变形困难，表现为模具所受的载荷有增大的趋势；随后，由于材料被不断送进，剩余需要变形的区域越来越少，模具的载荷又随之降低。因此，图 5-20（a）中，模具载荷的分布情况是材料的变形程度、加工硬化和材料软化综合作用的结果。

图 5-20（b）是各个工序下模具最大载荷值的分布情况，从图中可以看出，在材料变形量最大的第二工序，模具的载荷最大，在材料变形量最小的第一工序，模具的载荷最小，因此，随着下压量的增大，坯料变形程度增大使得锤头所受的最大载荷提高。

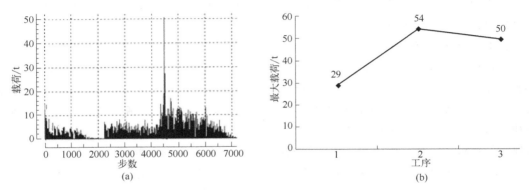

图 5-20 行程-载荷曲线及各工序模具最大载荷值分布情况

3. 等效应变

图 5-21 是三个工序完成后材料等效应变和最大等效应变分布情况。从图 5-21（a）、（b）、（c）中可以看到三个工序变形完成后材料的等效应变分布情况都较均匀，未变形区材料的应变值几乎为零，变形区与未变形区之间的过渡区域材料应变值较小；另外从三个工序分别的应变值可以发现材料整体的等效应变的大小和每个工序坯料的变形量是成正比的，工序二的下压量最大为单边 3mm，其材料等效应变值主要分布在 2.0～2.5 之间，而工序一的下压量最小为单边 1.5mm，其材料等效应变值主要分布在 1.6～2.0 之间，因此坯料的单边下压量越大则成形后材料的等效应变值也越大。另外，由图 5-21（d）可知在完成工序二变形后材料的等效应变最大，为 4.2；最小值出现在工序三，为 2.9，材料等效应变的最大值分布情况不与其下压量成正比，造成这种现象的原因可能是在工序一的变形过程中，虽然材料单边的下压量只有 1.5mm，但是在这个工序中需要在坯料的内表面成形出内花键，因此其变形程度相对于单纯的缩径拔长来说更大，因此虽然工序一的下压量小于工序三，但是其材料等效应变的最大值大于第三工序；除此之外，由于第三工序是

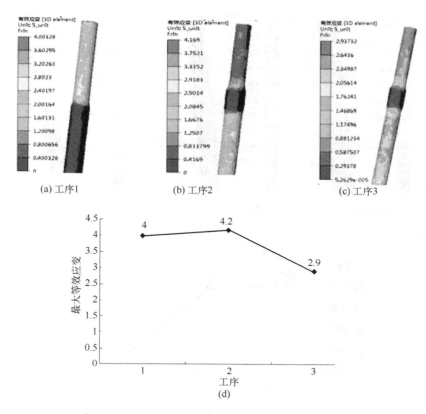

(a) 工序1　　　　(b) 工序2　　　　(c) 工序3

(d)

图 5-21 各工序等效应变分布云图及最大等效应变值分布情况

台阶段的最终成形，这个工序内的变形是在上一工序的基础上完成的，所以可能存在材料发生加工硬化使得其变形过程比较困难，最终使得在这个工序完成后材料等效应变的最大值较小。

4. 等效应力

图 5-22 是三个工序完成后材料等效应力及其最大值的分布情况。从图 5-22（a）、（b）、（c）可以看出，各工序变形完成后在变形区与未变形区之间的过渡区域材料等效应力值较大，其中工序一由于径向锻造成形内花键的变形比较剧烈，其等效应力值是三个工序中最大的，因此材料的等效应力不只和每工序的单边下压量有关，还和材料变形的剧烈程度相关。在图 5-22（d）中各工序材料最大等效应力值的分布情况也能得出类似的结论，同时各工序材料最大等效应力值和材料最大等效应变值的分布情况相似，即材料最大等效应力和最大等效应变的大小不只和每工序材料单边下压量有关，还和材料变形的剧烈程度有关，在单边下压量较小的情况下，材料变形越剧烈其最大等效应力值和最大等效应变值都较大，如成形汽车空心转向轴的第一工序。

5. 材料折叠、裂纹缺陷

在上一小节对材料等效应力的分析过程中，实验结果表明成形后空心转向轴锻件最大的等效应力值为 1018MPa，经过查阅相关材料性能参数并结合正交试验的实验结果，锻件最大的等效应力值处于较低水平低于材料开裂的应力值，所以锻件发生裂纹的倾向较

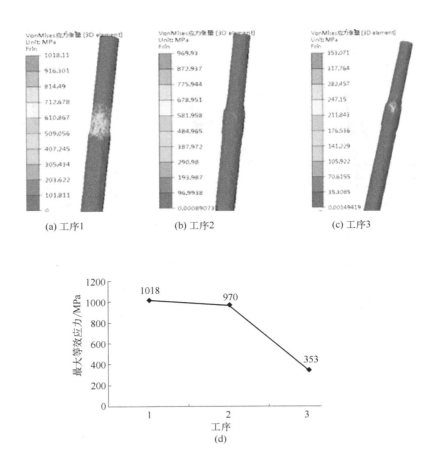

(a) 工序1　　　　　　(b) 工序2　　　　　　(c) 工序3

(d)

图 5-22　各工序等效应力分布云图及最大等效应力值分布情况

小。图 5-23 为经过三个工序径向锻造成形完成后的汽车空心转向轴，通过数值模拟软件的材料折叠追踪功能发现成形后的锻件表面质量良好，且锻件各部位均无裂纹和无材料折叠现象产生。

图 5-23　汽车空心转向轴折叠数

综合以上实验及分析结果，采用最优工艺参数组所成形出来的汽车空心转向轴质量良好。通过设计正交试验，以成形后材料的最大等效应力和材料折叠处数为评价指标，对成形汽车空心转向轴的锤头相对转角、下压量、进锤速度以及坯料轴向进给量这几个关键成形质量因素加以控制。通过正交试验结果分析得到了径向锻造成形汽车空心转向轴的最优工艺参数：

锤头相对转角为 18°，下压量为 1mm，进锤速度为 5mm/s，坯料轴向进给量为 0.5mm。随后通过数值模拟软件用所得的最优工艺参数得到了汽车空心转向轴的成形情况，通过对成形后模具的载荷、材料等效应变、材料等效应力以及折叠等缺陷的分析，发现通过最优工艺参数组成形出来的汽车空心转向轴应力及应变分布合理，无材料折叠和裂纹等缺陷的产生，因此通过正交试验法对汽车空心转向轴的成形优化效果较好。

第四节　汽车空心转向轴物理实验

一、样件试制

图 5-24 是用于汽车空心转向轴试制的径向锻造设备，型号为 HA40，其主要径向锻造技术指标如表 5-4 所示。根据数值模拟结果，成形汽车空心转向轴所需的最大锻造力为 54t，所选用的设备最大锻造力为 61t，满足要求，另外设备的其他关键指标参数也满足试制要求。汽车空心转向轴的材料为 08 钢，其化学成分如表 5-5 所示。

图 5-24　Felss 径向锻造设备 HA40 型

⊡ 表 5-4　Felss-HA40 径向锻造设备技术指标

技术指标	最大锻造力/kN	最大加工毛坯直径/mm	最大工件长度/mm	功率/kW	最大锻造比	锻后粗糙度	锻后精度/mm
性能参数	410~610	40	780	26	90%	$Ra<1.0$	内孔±0.03 外圆±0.05

⊡ 表 5-5　08 钢的化学成分 (质量分数)　　　　　　　　　　　%

成分	C	Si	Mn	S	P	Cr	Ni	Cu
含量	0.05~0.12	0.17~0.37	0.35~0.65	≤0.035	≤0.035	≤0.1	≤0.25	≤0.25

根据优化的工艺参数得到了汽车空心转向轴样品，图 5-25 是经过径向锻造成形的汽车空心转向轴各工序材料坯料、锻件及产品截面图，从图中可以看到，通过径向锻造成形出的转向轴样品表面光洁圆整，各成形段过渡均匀，两端无喇叭口出现，与模具贴合的内表面表面质量好，经径向锻造成形的内齿形状规整。采用探伤检测技术对转向轴表面及内部的裂纹、折叠等缺陷情况进行检测，检测结果表明送检的样品内部均无裂纹、折叠等缺陷的存在，检测合格。因

图 5-25　汽车空心转向轴坯料、锻件及产品截面

此，汽车空心转向轴试制样品成形质量满足要求，这进一步说明了通过正交试验和数值模拟研究所获得的成形参数的科学性和可靠性。

二、疲劳性能

将汽车空心转向轴样品进行疲劳性能的测试，经检测该汽车空心转向轴静扭矩为320N·m；在加载为35N·m下，低载疲劳测试中的样件发生断裂为4×10^5次以上，均达到了国家标准，因此该汽车转向轴疲劳性能满足要求。

三、显微硬度

按照图5-26（a）所示的取样部位将各区域的样品在HVS-1000型数显显微硬度计下进行硬度的检测。在各段区域的试样的RD-TD（轧板运动的方向是RD，与轧辊接触面的法向为ND，TD与这两个方向垂直，因此RD-TD代表与ND方向垂直的截面）面上随机取10个点测量其硬度值，其硬度值分布情况如图5-26（b）所示。由折线图可知，经过径向锻造变形后的内齿段和台阶段的显微硬度明显高于原始段，通过测量计算原始段组织的平均硬度为178HV，而内齿段和台阶段的平均硬度分别为202HV和199HV。由于在径向锻造成形过程中，模具的能量使变形区晶粒破碎，组织得到细化，并提高了材料的致密度，从而使得变形段的硬度高于原始段。中南大学的罗明等的研究表明，径向锻造时原材料中存在的空隙会发生一系列的剪切变形而闭合，这使得材料的相对密度得到提高，最终导致其硬度的显著提高；另外Lim等研究发现径向锻造的减径变形使原始材料中的晶粒沿轴向变形成为细长状的晶粒，这比一般成形方法所获得的产品的精度和硬度要高。

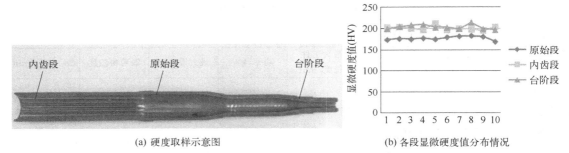

(a) 硬度取样示意图　　　　　　　　　　(b) 各段显微硬度值分布情况

图5-26 取样示意图及各段显微硬度值

四、显微组织

1. 金相组织

将汽车空心转向轴取样研磨经硝酸酒精化学腐蚀后于金相显微镜下进行组织的初步观测。图5-27是各部位在金相显微镜下的组织情况，图5-27（a）、（b）分别是未变形区的低倍和高倍组织分布情况，在低倍下观察到未变形区组织呈自由分布状态，晶粒无一致的取向且晶粒较粗大；高倍下可以观察到坯料的组织是由铁素体和珠光体组成的，珠光体的组分较少，分布在铁素体的晶界。图5-27（c）、（d）分别是变形区的低倍和高倍组织情况，在低倍下可以观察到经过径向锻造后材料组织具有明显的拔长形态，材料流动方向十分明显，见图中白色箭头所指方向。另外和图5-27（a）未变形区相同放大倍数下的组织情况相比，变形区组织的晶粒更加细小，材料致密度得到明显改善。最后在图 5-27 （d）变形区高倍组织中发现，与锤头模具直接接触的表面晶粒尺寸比内部晶粒尺寸大。

图 5-27 各部位金相图

2. 扫描电镜组织

取径向锻造成形制得的样品原始部位、内齿部位以及台阶部位组织，经电化学抛光后于 SIGMA-HD 场发射扫描电镜下进行微观形貌的观测，其取样部位如图 5-28 （a）所示。

原始部位位于样品的中部，该部位无任何变形，图 5-28 （b）可以看到该部位组织无任何择优取向，整体上呈无序分布状态，图 5-28 （c）是各原始段高倍下的组织，图片表明其组织为铁素体＋片层状的珠光体组织，晶粒尺寸较大。图 5-28 （d）和图 5-28 （e）是内齿段的扫描图样，在低倍下可以看到经过径向锻造成形后材料整体的流动方向（见图中白色箭头所指），高倍下该方向更加明显，与原始组织相比内齿段的晶粒具有明显的拔长趋势，晶粒也更加细小，这表明径向锻造成形内齿较好地保留了材料的连续性，同时使材料形成了具有择优取向的纤维组织，其性能得到了进一步提高。另外在图 5-28 （d）中可以观察到，径向锻造成形使内齿段内部组织呈现由表及里晶粒尺寸逐渐减小的现象，产生这种现象的原因可能是最外层材料直接和模具相接触阻碍了表层金属的流动，同时模具对材料施加的打击能量通过表层金属传递到内部，内部晶粒受到能量的冲击而破碎，这使得内部的晶粒比表层更加细化，性能得到提高。台阶段的扫描电镜图 5-28 （f）和图 5-28 （g）中，晶粒仍然呈现出具有择优取向的组织，其流动方向见图中白色箭头所示。另外，由于台阶段的变形程度（锤头下压量）最大，所以其晶粒的整体尺寸较内齿段来说更加细

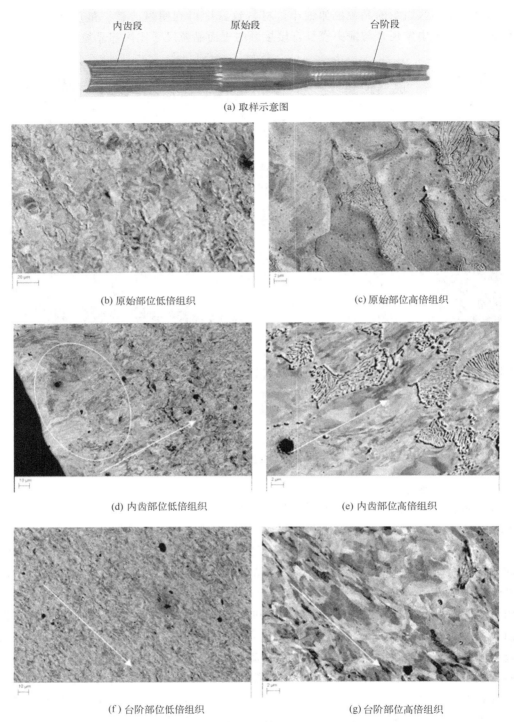

(a) 取样示意图

(b) 原始部位低倍组织

(c) 原始部位高倍组织

(d) 内齿部位低倍组织

(e) 内齿部位高倍组织

(f) 台阶部位低倍组织

(g) 台阶部位高倍组织

图 5-28　取样图及各部位组织扫描图

小，并且整体上呈扁长状的纤维组织。在已有的研究中，辛梦溟等发现随着径向锻造锤头下压量的增加晶粒的变形程度会提高，显微组织将呈现纤维状，同时他还发现材料的强度也会随着变形程度的增加而提高；西安理工大学的陈文革等人在用径向锻造的方法制备

WCu25 合金线材的时候发现通过径向锻造加工可以大大提高材料的致密度，降低原材料中的孔隙率，优化材料的组织性能。因此，径向锻造能够很大程度地改善材料的组织情况，从根本上提高其性能。

3. EBSD 分析

为了从更加微观和准确的角度进一步探测转向轴的组织情况，将转向轴的各部位取样于 SIGMA-HD 场发射扫描电镜下进行 EBSD 图样的采集，其取样部位如图 5-28（a）所示，并将采集的 EBSD 图样进行进一步分析。图 5-29 是各部位组织 IPF 及取向差分布图，图 5-29（a）是未变形区原始段组织的 IPF 图及取向差分布情况，从 IPF 图中可以看到原始组织晶粒较粗大，其取向差分布情况显示：该区域内部随机两个晶粒之间的取向差值大多处于 45°～55°之间，处于较高的水平，见图中圆圈标记部分，这表明原始段由于没有经过变形，内部晶粒呈无序排列，没有择优取向出现。图 5-29（b）、（c）是变形区域内齿段和台阶段组织的 IPF 图及取向差分布情况，变形区的 IPF 图可以看出内部晶粒经过变形

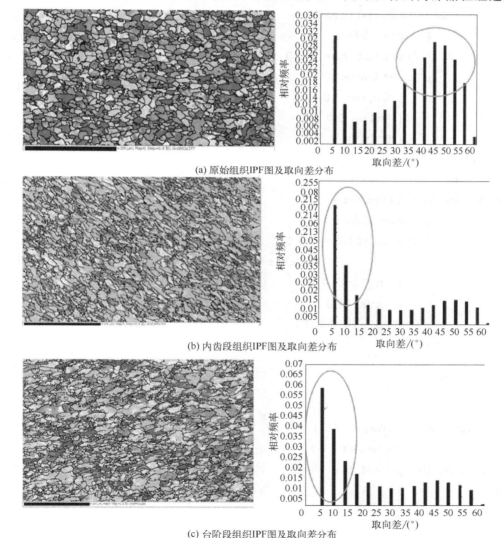

(a) 原始组织 IPF 图及取向差分布

(b) 内齿段组织 IPF 图及取向差分布

(c) 台阶段组织 IPF 图及取向差分布

图 5-29 各部位组织 IPF 图及取向差分布图

变成了扁长状，且变形程度越大则晶粒被拉长得越明显，变形区的取向差分布图表明内部晶粒之间的取向差值处于较低的水平，见图中圆圈标记部分，多处于 1°～15°之间，这些小角度界面的大量出现，说明在变形区各晶粒位向趋于一致，表明变形区的组织具有很强的织构性。

第五节　空心转向轴多道次文件代码

工序一程序代码：

```
{ Pass1=
    { At Each Blow=
    { Object Displacement=
        { Name= 坯料 }
        { Translation= 0 0 0.5 }
        { Rotation=
            { Angle= 10 }
            { Axis= 0 0 1 }
            { Point= 0 0 0 }
        }
    }
{ Object Displacement=
        { Name= 芯轴 }
        { Translation= 0 0 0.5 }
                    { Rotation=
        { Angle= 10 }
        { Axis= 0 0 1 }
        { Point= 0 0 0 }
        }

    }
  }
  { Number Of Blows= 180 }
        { Active Boxes= -1 }
  { Final Height= 4.5 }
}
{ Pass2=

    { At Each Blow=
```

```
      { Object Displacement=
           { Name= 坯料 }
           { Translation= 0 0 -1 }
           { Rotation=
               { Angle= 8 }
               { Axis= 0 0 1 }
               { Point= 0 0 0 }
           }
      }
{ Object Displacement=
           { Name= 芯轴 }
           { Translation= 0 0 -1 }
           { Rotation=
               { Angle= 5 }
               { Axis= 0 0 1 }
               { Point= 0 0 0 }
           }
       }
  }
  { Number Of Blows=    90 }
       { Active Boxes= -1 }
  { Final Height= 4 }
}
```

工序二程序代码：

```
{ Pass1=

  { At Each Blow=
     { Object Displacement=
        { Name= 坯料 }
        { Translation= 0 0 -0.5 }
        { Rotation=
            { Angle= 10 }
            { Axis= 0 0 1 }
            { Point= 0 0 0 }
        }
     }
            { Object Displacement=
        { Name= 芯轴 }
```

```
            { Translation= 0 0 -0.5 }
                       { Rotation=
         { Angle= 10 }
         { Axis= 0 0 1 }
         { Point= 0 0 0 }

       }


    }

  }
  { Number Of Blows= 140 }
        { Active Boxes= -1 }
  { Final Height= 5 }

}
{ Pass2=

  { At Each Blow=
    { Object Displacement=
         { Name= 坯料 }
         { Translation= 0 0 1 }
         { Rotation=
              { Angle= 8 }
              { Axis= 0 0 1 }
              { Point= 0 0 0 }

         }

    }
              { Object Displacement=
         { Name= 芯轴 }
         { Translation= 0 0 1 }
         { Rotation=
           { Angle= 8 }
           { Axis= 0 0 1 }
           { Point= 0 0 0 }

         }

    }

  }
  { Number Of Blows=    70 }
        { Active Boxes= -1 }
  { Final Height= 4 }

}
```

```
{ Pass3=

  { At Each Blow=
    { Object Displacement=
        { Name= 坯料 }
        { Translation= 0 0 - 0.5 }
        { Rotation=
            { Angle= 10 }
            { Axis= 0 0 1 }
            { Point= 0 0 0 }
        }
    }

            { Object Displacement=
        { Name= 芯轴 }
        { Translation= 0 0 - 0.5 }
        { Rotation=
            { Angle= 10 }
            { Axis= 0 0 1 }
            { Point= 0 0 0 }
        }
    }
  }
  { Number Of Blows=    150 }
        { Active Boxes= -1 }
  { Final Height= 3.5 }
}
{ Pass4=

  { At Each Blow=
    { Object Displacement=
        { Name= 坯料 }
        { Translation= 0 0 1 }
        { Rotation=
            { Angle= 8 }
            { Axis= 0 0 1 }
            { Point= 0 0 0 }
        }
    }

            { Object Displacement=
```

```
                        { Name= 芯轴 }
                        { Translation= 0 0 1 }
                        { Rotation=
                            { Angle= 8 }
                            { Axis= 0 0 1 }
                            { Point= 0 0 0 }
                        }
                    }
                }
                { Number Of Blows=   75 }
                      { Active Boxes= -1 }
                { Final Height= 2.5 }
            }
            { Pass5=

                { At Each Blow=
                    { Object Displacement=
                        { Name= 坯料 }
                        { Translation= 0 0 -0.5 }
                        { Rotation=
                            { Angle= 5 }
                            { Axis= 0 0 1 }
                            { Point= 0 0 0 }
                        }
                    }
                            { Object Displacement=
                        { Name= 芯轴 }
                        { Translation= 0 0 -0.5 }
                        { Rotation=
                            { Angle= 5 }
                            { Axis= 0 0 1 }
                            { Point= 0 0 0 }
                        }
                    }
                }
                { Number Of Blows=   80 }
                      { Active Boxes= -1 }
                { Final Height= 2 }
            }
```

工序三程序代码：

```
{ Pass1=

    { At Each Blow=
        { Object Displacement=
            { Name= 坯料 }
            { Translation= 0 0 -0.5 }
            { Rotation=
                { Angle= 10 }
                { Axis= 0 0 1 }
                { Point= 0 0 0 }
            }
        }

            { Object Displacement=
        { Name= 芯轴 }
        { Translation= 0 0 -0.5 }
                        { Rotation=
        { Angle= 10 }
        { Axis= 0 0 1 }
        { Point= 0 0 0 }
            }

        }
    }
    { Number Of Blows= 140 }
        { Active Boxes= -1 }
    { Final Height= 1 }
}
```

第六章

汽车空心齿轮轴
径向锻造

第一节　汽车空心齿轮轴特点及工艺分析

一、汽车空心齿轮轴结构特点

图 6-1 为汽车空心齿轮轴零件简图，由图可知，此零件是带有特定内孔形状的阶梯轴类零件，零件的总长度为 195mm，外径有三处阶梯，最大阶梯在左端，空心齿轮轴的外径由 $\phi 93mm$ 降低到 $\phi 50mm$ 且轴向变化长度为 10mm，接着就是经过长为 60mm 等径径向锻造成形，即在空心齿轮轴成形过程中既有变径径向锻造成形又有等径径向锻造成形。第二处阶梯是由 $\phi 50mm$ 降低为 $\phi 37mm$ 且轴向长度变化为 4mm 的阶梯，后面就是轴向长度约为 20mm 精整径向锻造成形。第三处阶梯是径向只减少了 1mm 且轴向长度为 1mm 的阶梯，后面余下的就是最后的精整形段。在此整个径向锻造成形过程中，内孔只经过了两次阶梯变径，第一处就是发生在端头第一次外径阶梯处，第二处内径阶梯是在离端头 144mm 处，最终内径直径变为 $\phi 23mm$。图中零件右端需要机加成平整端面，其他台阶特征都是由径向锻造成形出来的，达到了近净成形、少无切削的要求。使成形后的齿轮轴没有明显的折叠缺陷、有均匀的壁厚及避免蓝脆温度区是本零件径向锻造成形的难点。研究表明在有芯棒作用时，可减小壁厚的偏差、提高管表面的韧性和管的硬度，本章节的大变形需要有较高的精度，因此选用含芯棒的径向锻造成形。

图 6-2 为汽车空心齿轮轴径向锻造成形工序简图，依据金属体积成形时体积不变理论，成形末端为自然成形需要机加余量留有大约 5mm，而图中所示的第一个图为原始实心棒料挤压成形获得端头和内孔，然后机加获得作为径向锻造成形的坯料，因此在计算后面径向锻造成形零件体积时就以挤压成形并机加后的坯料为基准。经计算可选用直径为 36mm 长为 50mm 的实心棒钢材为原材料。

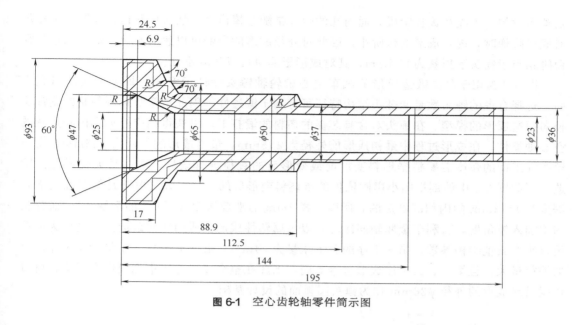

图 6-1　空心齿轮轴零件简示图

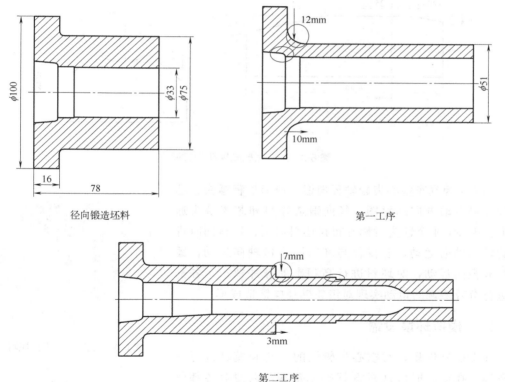

径向锻造坯料　　　　　　　　　　　　　第一工序

第二工序

图 6-2　空心齿轮轴径向锻造成形工序简图

　　从图 6-1 可知最终成形有 3 个台阶，一个台阶预锻段和一段整形锻作为一个工序，但最后一个台阶较小，因此这台阶可以不用单独一个工序，以便节省时间，即可定义坯料到齿轮轴成形的过程分为两个工序。在成形过程中，坯料左端头作为夹持段位，其余部位即为径向锻造成形区域，坯料左端首先进行成形的是第一个与端头相连的斜坡阶梯，然后就是整形段的一个缩径拔长阶段，而内孔的阶梯是随芯棒模具自然成形获得；在第二工序坯料成形阶梯时，内孔成形的台阶小，因此对外径成形的影响可以忽略不计，而第三个外径台阶相当于锤头下压量为 0.5mm，其对成形影响也可以忽略不计。

图 6-3 为用于径向锻造成形的汽车空心齿轮轴锤头设计示意图，根据李汉的研究表明，选择合理的锤头数量和锤头结构特征可有利于锻透性，因此本章节选用的是四副锤头径向锻造成形的模型。在锤头对含有芯棒的坯料的锻打下，可获得相应外形和内腔形状的空心轴类件。在成形过程中最初成形前外径为 $\phi 75mm$，最终成形的外径为 $\phi 36mm$，由于锤头加工面的弧度需要根据坯料变形前或变形后的直径进行设计，本文是大变形径向锻造，因此图 6-3 中的剖视图小虚圆依据的是坯料变形后的直径，大的虚圆是根据锤头啮合深度为 1~3mm 的内切圆确定的，所以选择 2mm 的啮合深度（图 6-3 的剖视图）；研究表明增加入模角度，有利于金属轴向流动，以金属塑性成形手册的径向锻造模具设计为依据设计锤头其他结构参数。第一工序的总下压量为 24mm，第二工序总下压量为 14mm，总的缩径量大，且第一、二工序成形过程类同，因此在整个成形过程中无须更换锤头，可以依据最终成形的外径 $\phi 36mm$ 作为锤头圆弧面的设计基础。

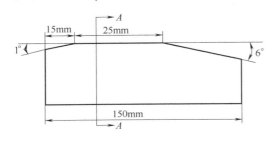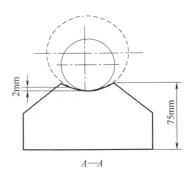

图 6-3　空心齿轮轴锤头示意图

图 6-4 为汽车空心齿轮轴径向锻造成形过程锤头、芯棒和坯料运动方向示意图，径向锻造坯料和芯棒端头通过卡盘夹持，4 个锤头对称分布在坯料周围，坯料同时进行旋转和轴向运动，芯棒仅与坯料同步做轴向运动，锤头只有径向运动，对坯料进行高频率的脉冲锤击，各部分进行有效协调的运动实现对齿轮轴径向锻造成形。

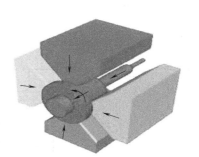

二、模拟环境设置

在 UG 软件里，对空心齿轮轴的坯料和模具进行三维建模，在建模时应注意选好坐标基准，以便对各部分进行装配；在 UG 装配图里对各部分进行 STL 格式文件

图 6-4　锤头、芯棒和坯料
的三维模型和运动
方向示意图

导出，并将其导入模拟软件 Forge2011 中，确立有限元分析模型。在数值模拟分析金属变形过程时，其设置的各环境参数和工艺参数要与实际相贴切。以下为空心齿轮轴在 Forge2011 中需提前设置的参数：

① 导入的文件的位置与在 UG 中是一致的，在 Forge2011 中只需对模具与坯料的接

触关系定义即可，这里设置锤头距离坯料 10mm。对确定位置的模具和坯料进行网格划分，因坯料的端头不需成形，因此对坯料等网格尺寸进行组合划分，端头等网格尺寸设为4，对成形区域的网格尺寸设为 2。

② 汽车齿轮轴的原材料一般为 27MnCr5 和 20CrMnTi，而在 Forge2011 的自带材料库里没有找到这两种材料，因此选用性能相近的 20MnCr5 材料代替模拟分析，模具材料选用常见的 H13 模具钢。

③ 汽车空心齿轮轴径向锻造成形变形量大，需提前对坯料加热，因此该工艺是温锻成形，模具温度设置为 200℃，而坯料的加热温度是空心齿轮轴需研究的工艺参数之一；锤头与模具的摩擦条件设置为石墨，芯棒与模具的摩擦条件为水＋石墨。

④ 空心齿轮轴在成形时，坯料、环境、模具存在温差致使有大量的热交换，因坯料与模具的材质都属于钢类，则热交换条件为钢-高温-强，坯料与环境间的热交换条件为空气冷却。

⑤ 定义压机。选定一个锤头为主模，模具的初始高度是根据初始锤头距离坯料高度加上径向锻造成形的总下压量设置的，最终高度是每个工序的总下压量加上初始锤头距离坯料高度，模具速度是本节讨论的工艺参数之一，多道次文件里是每锤头下压量、坯料轴向速度和转速、芯棒轴向速度等不同工艺参数对空心齿轮轴径向锻造成形的设置，需根据讨论要求进行不同设置。图 6-5 为在 Forge2011 中设置好的分析模型，图中总共有七个部件，其中六个是 STL 文件导入的，另一个 3D 钳臂是用几何形状对作用区域进行设置

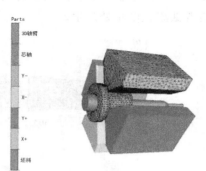

图 6-5 半轴径向锻造成形有限元模型

的简化模型，它的作用是夹持坯料使其轴向和旋转运动，这里芯棒不需夹持，在多道次文件里设置即可。

第二节　工艺参数的影响

空心齿轮轴在径向锻造成形过程中主要工艺参数为：变形程度，坯料的初始温度，锻件转速及锻件轴向速度，锤头的径向下压量和径向速度。在实际生产中，因工艺参数的不同会使锻件成形效果不同，从而影响锻件的组织和性能。例如在其他因素不变的情况下，选用较大的轴向速度，锻件轴向精整次数减少，表面会出现螺旋形的脊椎纹，但轴向速度过低会降低生产效率；在满足锻件表面质量和设备载荷情况下，增大径向下压量可增大材料在轴向的延伸量，从而减少工步，提高生产效率。本章节是研究将锻件加热到一定温度进行的多工序径向锻造，如果每个参数变量都进行全工序模拟，会增大工作量，有违数值模拟初衷。考虑到齿轮轴的成形过程的最大变形发生在第一个台阶，因此选取变形程度最大并具有代表性的一段工序较全面反映坯料的成形特征，分析各个参数变量对空心齿轮轴径向锻造的影响。坯料第一个台阶总变形是轴向成形 10mm、径向总下压量 24mm，以此

段作为试验进行径向锻造来研究各主要参数对空心齿轮轴径向锻造成形的影响。

一、坯料初始温度

初步选取 750℃、780℃、800℃、830℃ 作为坯料加热后的初始温度进行分析，其他参数不变。

1. 折叠缺陷

图 6-6 是坯料在不同初始温度下，在研究期坯料径向锻造成形第一工序后出现折叠缺陷的情况，红色的虚线是剖视位置（以下类同），从图中观察到折叠首先在内径倒角处出现，随着坯料初始温度的增大，内径倒角处的折叠数量和深度逐渐增大，外径表层无明显的折叠。在径向锻造过程中，折叠缺陷产生的主要原因是多向金属的混流。内径倒角处的金属在轴向和径向的流动受到芯棒阶梯的阻碍，随着坯料初始温度的增大，坯料成形越易，大变形下轴向和径向流动的金属越易汇聚，金属在芯棒阶梯的阻碍下叠加，从而促使折叠缺陷在倒角处产生。

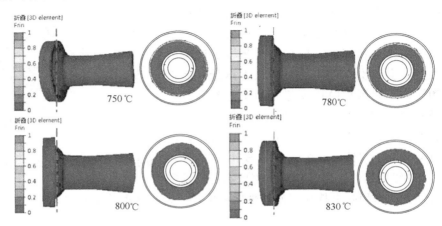

图 6-6 不同初始温度下对折叠缺陷的影响

2. 有效应变

图 6-7 为不同初始温度作用下坯料第一工序径向锻造成形后有效应变分布情况，左边显示条中不同颜色段表示等效应变不同值范围。由图可知，四个初始温度中最大有效应变值在 800℃ 初始温度下，最大有效应变值约为 7.42，且有效应变分布振幅比较集中；750℃ 和 830℃ 初始温度下的最大有效应变都在 6.3 左右，彼此的有效应变振幅分布情况也相近。相关研究表明温度对流变应力有影响，因此观察到在不同温度下，有效应变变化不一致；对比可知，随着坯料初始温度的增大，最大有效应变值先逐渐增大，后急剧减小，而有效应变分布振幅情况也是先逐渐集中后辐射。

3. 锤头载荷

图 6-8（a）是坯料温度为 750℃ 时 $X+$ 方向锤头的载荷随步数的变化，因每锤的下压量为 2mm，多道次文件里有 6 个工步，随着步数的增加，图（a）中出现脉冲式的 6 个波峰和波谷；随着道次工步数的增加和金属变形的加工硬化，每道次的第一锤头载荷在逐渐增加；最小波峰值为 40t，最大波峰值为 260t。单锤头载荷不大的原因：一是加热使坯料变形压力减小，二是研究表明锤头是做快速周期运动，模具直接接触的只有一小部分的坯

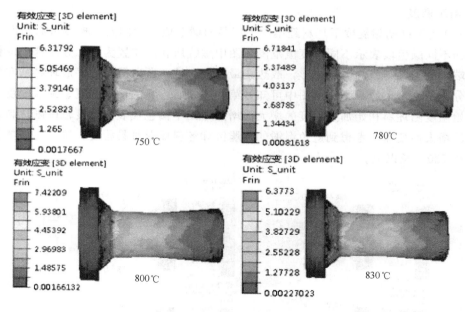

图6-7 不同初始温度下的有效应变分布图

料，因此塑性变形所需的压力小。图中每个波峰出现的原因是每道次的第一锤锤头作用面积最大，坯料的变形量大，则第一锤头的载荷最大，而且每道次的第二锤头的载荷与第一锤头载荷的载荷差值也越大。每道次的第一锤之后的锤头载荷在缓慢降低，最终到达波谷，波谷产生的原因正是在锤头对坯料进行预锻形结束后锤头对坯料进行整形，由前面的理论知识可知，在齿轮轴整形区域时，坯料变形应力为0，即锤头的载荷有最小值（即波谷）。从图6-8（a）中还可知每道次波谷出现的步数长短不一致，每道次波谷的步数先增大后减小，可能是前期坯料温度高，加上变形产生的热，坯料预锻形结束早，后期坯料随热交换热量的散失而温度降低，且变形引起加工硬化，使得坯料在预锻形变形期间步数增长，从而每道次波谷的步数降低。四个锤头是对称分布，因此其余三个锤头的载荷变化情况与 X＋方向的锤头变化一样，锻压机的承载是四个锤头载荷之和。在750℃、780℃、800℃、830℃四个温度下锻压机最大承载情况见图6-8（b），由图可知，四个温度下锻压机承载变化不明显，即坯料初始温度对锻压机承载无影响。

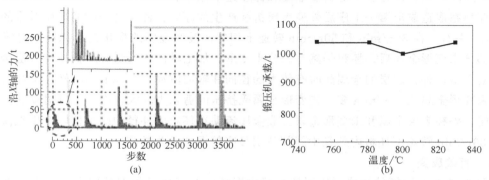

(a) (b)

图6-8 X+ 方向锤头的载荷随步数的变化和锻压机在不同下压量的最大承载

4. 温度梯度

图 6-9 为不同初始温度下坯料经第一工序径向锻造成形后的温度梯度分布情况，左边显示条的不同颜色段表示不同温度值范围，图中虚线所在的位置为第二处阶梯成形位置的温度。端头因为参与径向锻造成形，散热是最快的区域，所以第一工序后坯料从左到右温度梯度分布是先增大后减小；从图中可知，第一工序后坯料的最高温度、最低温度和第二工序初始温度随坯料初始加热温度的增大而增加；图中橘色代表的温度范围随坯料初始加热温度的增大而变宽。考虑到避免温锻的蓝脆区和坯料成形难易程度，第二工序的初始温度应选在 780℃ 及以上。

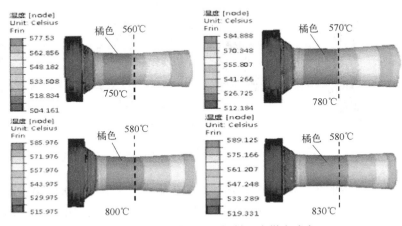

图 6-9　不同初始温度下坯料温度梯度分布

二、坯料转速

初步选择工件转速为 30r/min、50r/min、60r/min、70r/min，换算获得相对转角相应为 9°、15°、18°、21°，便于在多道次文件中对锻件转速的设置，其他参数不变。

1. 折叠缺陷

图 6-10 是坯料在不同锻件转速下，坯料径向锻造成形第一工序后出现折叠缺陷情况，从图中可知，在 30r/min 和 50r/min 转速下，坯料外径表面出现了折叠缺陷，30r/min 的折叠数量和深度明显比 50r/min 的多且深，60r/min 和 70r/min 外径表面无明显的折叠；随着转速的增加，外径表面的折叠数量和深度逐渐减小。

坯料在锻造成形第一工序后外径表层折叠产生的原因：锤头之间的间隙所对应的圆心角为 16° 左右，在 30r/min 和 50r/min 转速下相邻两锤间金属的变化是第二锤锻打第一锤余下部分未变形金属后，坯料仍然有部分未变形，加上轴向送进量，从而使外表层金属均匀流动受阻，外径表层的金属此时有较大的径向和轴向流动，在 30r/min 转速下第二锤后余下未变形金属比 50r/min 多，未变形金属受挤压的剪切力较大，在第三锤时就有内径表层金属、外径表层金属和未变形金属三股金属流动在坯料内外径中间部位，产生汇流，因此在 30r/min 转速下坯料内外径中间部位明显有较深的折叠缺陷。

2. 有效应变

图 6-11 为不同锻件转速作用下坯料径向锻造第一工序后的有效应变分布图，在四个转速参数中，最大有效应变值在 50r/min 下，最大有效应变值约为 9.71，且有效应变分

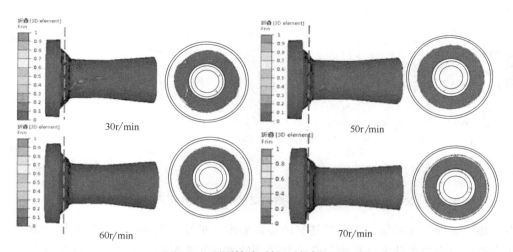

图 6-10 不同转速对折叠缺陷的影响

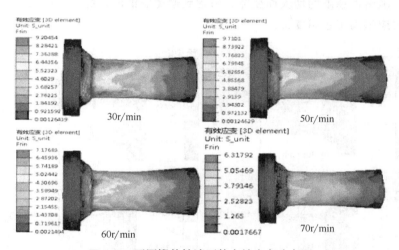

图 6-11 不同锻件转速下的有效应变分布图

布振幅比较集中；30r/min 的最大有效应变在 9.20 左右，与 50r/min 的相差不大，但它的有效应变振幅分布明显比 50r/min 的范围广，主要是由表面金属流动引起的，根据有效应变的公式可知，在 30r/min 下金属变形所受的有效面积变化范围比 50r/min 大，与折叠缺陷出现的情况一致；60r/min 和 70r/min 的最大有效应变值约为 7.18 和 6.32，有限应变的振幅范围是 60r/min 比 70r/min 小。随着锻件转速的增大，最大有效应变值先逐渐增大后减小，而有效应变振幅分布也是先逐渐集中后分散。

3. 锤头载荷

图 6-12（a）是锻件转速为 60r/min 时 $X+$ 方向锤头的载荷随步数的变化示意图，在第一道次中，第二锤的载荷与第一锤的载荷差值不明显，载荷波峰是缓慢下降到波谷；后面每道次的波峰逐渐增高，波峰值与峰值后的载荷差值越来越大；波谷步数的变化情况与前面初始温度变化下的一致。由图 6-12（b）可知锻件转速对模具载荷的影响不明显。

4. 温度梯度

图 6-13 为不同锻件速度下坯料经第一工序径向锻造成形后的温度梯度分布情况。从

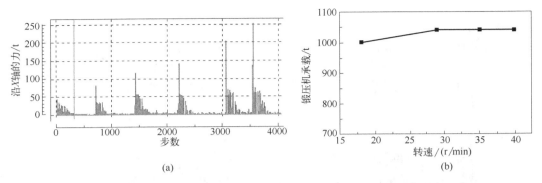

(a)　　　　　　　　　　　　　　　(b)

图 6-12　X+ 方向锤头的载荷随步数的变化和锻压机在不同下压量的最大承载

图中可知，锻件转速对第一工序后坯料的最高温度、最低温度和第二工序处初始温度无明显的影响；图中橘色代表的温度带随锻件速度的增大先变窄后变宽，而右端的黄色温度带（550℃左右）随锻件速度的增大而变宽，考虑到避免温锻的蓝脆区，因此第二工序开始径向锻造变形时应远离黄色温度带。

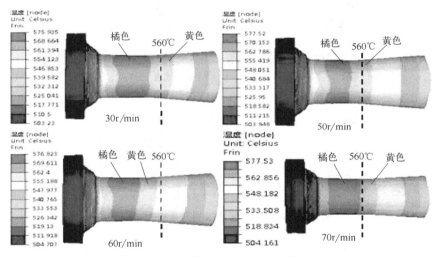

图 6-13　不同锻件转速下坯料温度梯度分布

三、轴向速度

这里初步选择轴向相对送进量为 0.05mm、0.1mm、0.5mm、1mm，其他工艺参数不变。

1. 折叠缺陷

图 6-14 是坯料在不同轴向相对送进量下，坯料径向锻造第一工序后出现折叠缺陷的情况，从图（a）中观察到在内径台阶处出现较浅的折叠缺陷，对于在模拟中出现的较浅且小的折叠可以忽略不计，因这种小的折叠现象有可能是在成形时网格重叠所致的，同样在 0.1mm 相对送进量出现的折叠现象可以不计；在 0.5mm 和 1mm 的内径台阶处的折叠数量多而深。可见随着坯料轴向相对送进量的增大（即轴向速度逐渐增大），内径台阶处的折叠数量和深度逐渐增大，外径表面无明显的折叠。

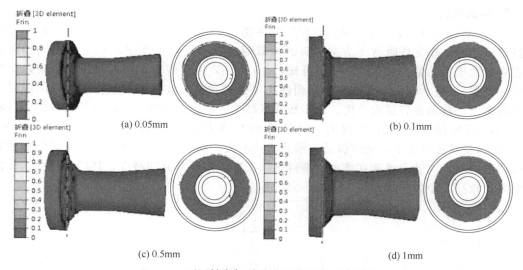

(a) 0.05mm   (b) 0.1mm

(c) 0.5mm   (d) 1mm

图6-14 不同轴向相对送进量对折叠缺陷的影响

2. 有效应变

图 6-15 为不同轴向相对送进量下坯料径向锻造第一工序后的有效应变分布图，在四个变量中，0.5mm 相对送进量的最大有效应变值最大，约为 9.26，有效应变振幅分布比较分散，0.05mm 的最大有效应变值最小，约为 6.32，有效应变振幅范围比较广；随着轴向送进速度逐渐增大，金属变形程度增大，导致 0.1mm 与 0.5mm 的最大有效应变值相差比较大；0.1mm 与 1mm 相对送进量下最大有效应变分别为 7.54 和 8.61，1mm 的最大有效值出现的处数比 0.1mm 的多，观察到 1mm 的有效应变振幅比较集中，台阶表面出现螺纹折痕。随着锻件轴向相对送进量的增大，台阶表面变化越来越急，表面越来越不光滑，甚至出现了螺纹脊椎纹，且最大有效应变值先逐渐变大再变小。J. P. Domblesky 研究表明轴向速度会直接影响锻件变形的均匀程度；且秦敏提到一次轴向送进量过大，就可能出现比较明显的脊椎纹缺陷，因此在相对送进量为 1mm 时出现了螺旋脊椎纹。

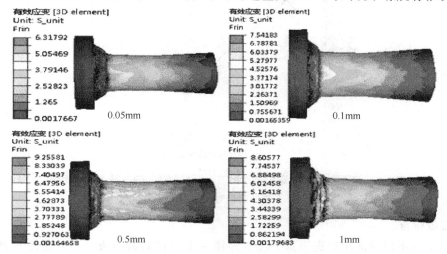

图6-15 不同轴向相对送进量下有效应变分布图

3. 锤头载荷

图 6-16（a）、（b）、（c）、（d）分别是锻件在 0.05mm、0.1mm、0.5mm、1mm 轴向送进量下第一工序完成时 X＋方向锤头的载荷随步数的变化示意图，（e）是不同轴向相对送进量锻压机的最大载荷。从图中可知，（a）、（b）可以清晰观察到每道次锤头载荷的波峰和波谷，（c）、（d）中可清晰观察到锤头每锤的载荷，波谷不明显。随着轴向相对送进量的增大，载荷波谷逐渐消失，总步数逐渐减少，原因在于第一工序台阶的轴向总行程量 10mm 是定值，轴向速度越大，则锤头锻打次数越少。从（e）图可知 0.05mm、0.1mm 的相对送进量下，锻压机最大承载相差不大，而在 0.5mm 与 1mm 下锻压机最大承载明显减小，因轴向速度在增加，锻件第一工序成形所需时间减少，坯料散热少，保留的温度比较高，金属易成形。

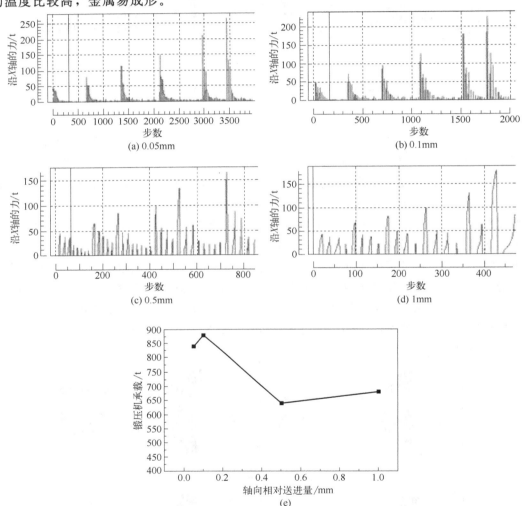

(a) 0.05mm

(b) 0.1mm

(c) 0.5mm

(d) 1mm

(e)

图 6-16 不同轴向相对送进量作用下 X+ 方向锤头的载荷-行程曲线和
锻压机在不同轴向相对送进量的最大承载

4. 温度梯度

图 6-17 为不同轴向相对送进量下坯料经第一工序径向锻造成形后的温度梯度分布情况。从图中可知，从 0.1mm 开始后面出现高温红色带，0.5mm 的红色温度带比 0.1mm

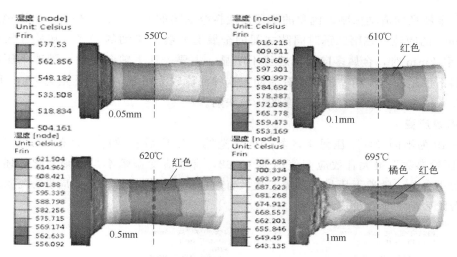

图 6-17 不同轴向相对送进量作用下坯料温度梯度分布

的宽，而 1mm 下的红色温度带呈波云点状，橘色温度带包围红色温度带。第二工序初始温度平均值约为 695℃，第一工序后坯料的最高温度、最低温度和第二工序初始温度随轴向相对送进量的增加而增高，充分解释了在 0.5mm、1mm 下金属更易成形，锤头载荷比 0.05mm、0.1mm 的低的情况。

四、下压量

由于径向锻造成形第一工序是 ϕ75mm 缩径到 ϕ51mm，变形程度比较大，坯料壁厚适中，初步选择锤头径向下压量为 1mm、2mm、3mm、4mm，其他参数不变。

1. 折叠缺陷

图 6-18 是下压量分别是 1mm，2mm，3mm，4mm 时对折叠缺陷的影响，从图中观

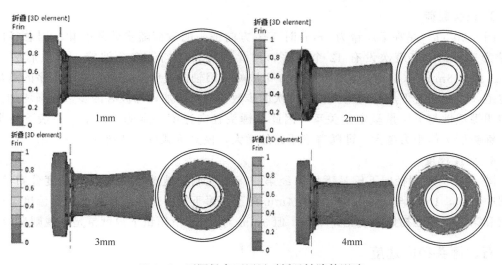

图 6-18 不同径向下压量对折叠缺陷的影响

察到折叠首先出现在内径倒角处，随着下压量的增大，外径表面和内径倒角处的折叠数量和深度逐渐增大。内径倒角处的金属在轴向和径向流动受到芯棒倒角的阻流，随着下压量

的增大，金属径向流动加剧，倒角的阻碍促使折叠缺陷的产生。在外径表层，因锤头之间有 5～6mm 的间隙，在第二锤时间隙之间的金属有向各向流动的趋势；初始在较小下压量 1mm 和 2mm 时，金属多向混流趋势不明显，主要表现为轴向流动；随着下压量的增加，金属不仅是轴向流动，径向也有流动，这种混流较为明显，在下压量为 3mm 和 4mm 时，在高频捶打时观察到表层有较多的折叠缺陷。

2. 有效应变

图 6-19 为不同径向下压量下坯料径向锻造第一工序后有效应变分布图，在 3mm 和 4mm 下压量参数下最大有效应变值约为 10.62，有效应变振幅不是规则变化，坯料台阶表面出现小台阶；随着下压量的增加，最大有效应变值逐渐增大，有效应变振幅逐渐变得无序，台阶表面的小台阶逐渐明显。

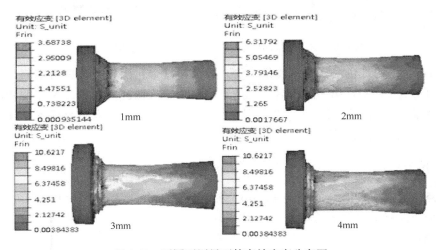

图 6-19 不同下压量下的有效应变分布图

3. 锤头载荷

图 6-20（a）是在下压量为 1mm 时 $X+$ 方向锤头的载荷随步数的变化，因总径向下压量为 12mm，多道次设有 12 个工序，因此图（a）中有 12 个波峰，依次后面（b）2mm、（c）3mm、（d）4mm 有 6、4、3 个波峰；因轴向速度是定值，第一工序的总步数是定值，因此随着下压量的增大，每道次的步数在逐渐增加，即波谷的步数逐渐增加。研究表明锻透性与下压量呈定量关系，因此在锤头径向速度一定的情况下，一般下压量越大，锤头所受作用力越大，即随着下压量的增大，模具承载越大［图 6-20（e）］。

4. 温度梯度

图 6-21 为不同径向下压量下坯料经第一工序径向锻造成形后的温度梯度分布情况。从图中可知，1mm 与 2mm、3mm 与 4mm 的下压量下第一工序后坯料的最高温度、最低温度和第二工序处初始温度相差不大，但 3mm 与 4mm 下压量下温度带是不规则变换。

五、锤头径向速度

锤头径向速度是指在单位时间内锤头径向行进的距离。根据合作厂家的径锻机的功率情况和工人经验，径向速度设定为 5mm/s、7.5mm/s、10mm/s、12mm/s，坯料初始温度为 780℃，锻件转速 70r/min，轴向相对送进量为 0.05mm，径向下压量为 2mm，以下

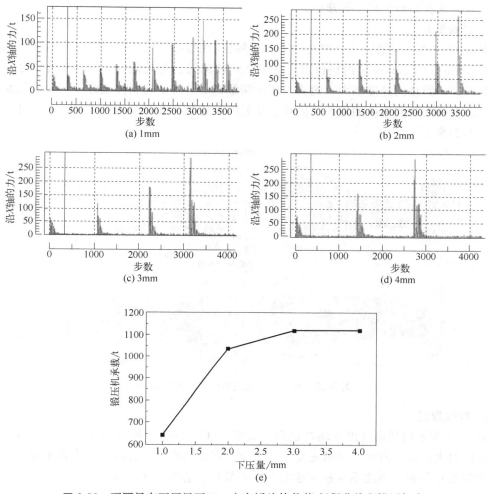

图6-20 不同径向下压量下 X+ 方向锤头的载荷-行程曲线和锻压机在
不同下压量的最大承载

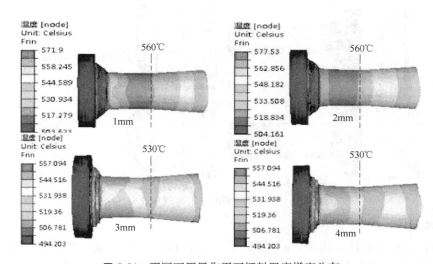

图6-21 不同下压量作用下坯料温度梯度分布

为不同径向速度对锻件成形的影响。

1. 折叠缺陷

图 6-22 是在不同的锤头径向速度下，坯料径向锻造第一工序后出现折叠缺陷的情况，图中 7.5mm/s 和 10mm/s 内径台阶处出现个别较深的折叠缺陷，12mm/s 内径台阶处无明显的折叠，因径向速度越大，锤头与坯料接触越短，带走坯料热量越少，金属越易轴向流动；随着锤头径向速度的增大，内径台阶处的折叠数量和深度先增大后减小，外径表面无明显的折叠。

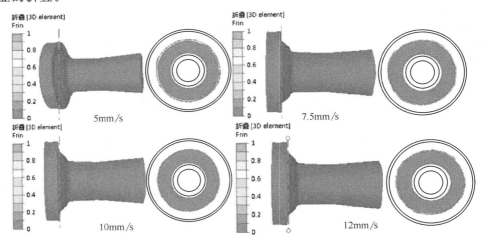

图 6-22　不同径向速度对折叠缺陷的影响

2. 有效应变

图 6-23 为不同径向速度下坯料径向锻造第一工序后的有效应变分布图，随着锤头径向速度的增大，最大有效应变值先变小后变大。研究表明径向速度和轴向进给量对轴向应变不均匀性有影响，因此不同径向速度下的有效应变振幅分布不均匀，表明变形不均匀，且不均匀程度不一致。

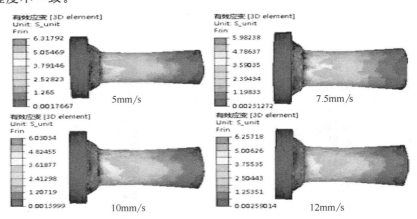

图 6-23　不同径向速度下的有效应变分布

3. 锤头载荷

图 6-24（a）是锻件转速为 5mm/s 时 $X+$ 方向锤头的载荷随步数的变化示意图，另三个径向速度下的锤头载荷变化与 5mm/s 的一样，每道次的波峰逐渐增高，波谷的步数

先增加后减少。锤头径向速度对模具载荷的影响不明显〔图6-24（b）〕。

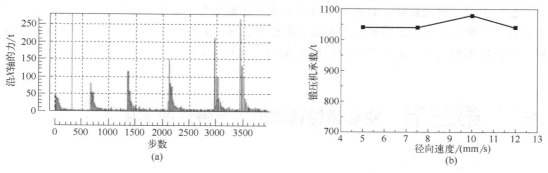

图6-24 X+ 方向锤头的载荷随步数的变化和锻压机在不同下压量的最大承载

4. 温度梯度

图 6-25 为不同锤头径向速度下坯料经第一工序径向锻造成形后的温度梯度分布情况。从图中可知，随着径向速度的增大，第一工序后坯料的最高温度、最低温度和第二工序处初始温度先减小后增大，橘色代表的温度带是先变窄后变宽，而右端的蓝色温度带（530℃左右）先变宽后变窄；12mm/s 径向速度有利于第二工序开始径向锻造变形。

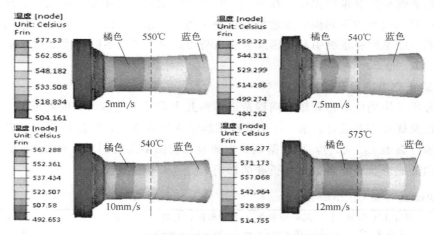

图6-25 不同径向速度作用下坯料温度梯度分布

通过分析汽车空心齿轮轴自身的结构特征、成形工序及成形难点，简述了空心齿轮轴径向锻造成形的模具、成形时各部分运动方向和三维有限元模型的建立及相关参数的设置。本章重点分析了不同工艺参数变量对空心齿轮轴零件径向锻造成形的影响：锻件转速、锤头下压量的变化对锻件成形的折叠缺陷影响较大；轴向相对送进量、锤头下压量对载荷的影响起主要作用，随着轴向相对送进量的增加，锤头载荷有相对减弱的趋势，而随着径向锤头下压量的增大，锤头载荷先急剧增大后缓慢增加；轴向相对送进量和径向速度对坯料温度梯度影响较显著，随轴向相对送进量的增加，第一工序后坯料的最高温度、最低温度和第二工序处初始温度随之增高，而随着径向速度的增大，第一工序后坯料的最高温度、最低温度和第二工序处初始温度先减小后增大；随着坯料初始温度的增大，最大有效应变值先逐渐增大，后急剧减小，而有效应变分布振幅情况也是先逐渐集中后辐射，随着锻件转速的增大，最大有效应变值先逐渐增大后减小，而有效应变振幅分布也是先逐渐集中后分散；随着锻件轴向相对送进量的增大，台阶表面变化越来越急，表面越来越不光滑，甚至出现了螺纹折痕，且最大有效应变值是逐渐变大后变小；随着下压量的增加，最大有效应变值逐渐增大，有效应变振幅逐渐变得无序，台阶表面的小台阶逐渐明显；随着锤头径向速度的增大，最大有效应变值先变小后变大，变形不均匀程度变化不一致。

第三节　空心齿轮轴成形工艺参数的优化

一、正交试验

1. 确定齿轮轴的试验指标和实验水平因素

径向锻造锻件常见的工艺缺陷有折叠、裂纹、表面螺旋形脊椎纹、外圆呈棱角、管坯抱卡芯棒、各台阶不同心、端部凹坑等。根据合作方工人制造此类相似轴类件的经验，空心齿轮轴在温锻时可能出现的缺陷为折叠、表面螺旋形脊椎纹，因此该试验的衡量指标为折叠的处数和螺旋形脊椎纹深度。在 Forge2011 软件模拟结果中很难看到微裂纹，为了便于分析，把模拟结果中不同深度及数量的折叠定为三个值 0、1、2，前面提到模拟结果中较小的折叠可能是网格重叠引起，因此较小折叠也定义为 0；不同深度的螺旋形脊椎纹定为三个值：0、1、2。

2. 实验正交表确定和模拟结果

上节分析了影响空心齿轮轴径向锻造成形的几个重要工艺参数，因此根据上节的重点参数进行正交优化方案设计。表 6-1 是此次试验的水平因素表，根据正交设计助手软件获得正交实验方案表 L_{16}（5^4），再根据试验方案表和模拟结果绘制出表 6-2，图 6-26 为正交方案模拟出的成形状态和各方案对折叠的影响。

▣表 6-1　正交试验水平表

水平	因素 A(坯料初始温度)/℃	因素 B(轴向相对送进量)/mm	因素 C(坯料转速)/(r/min)	因素 D(锤头下压量)/mm	因素 E(锤头径向速度)/(mm/s)
1	750	0.05	50	2	7.5
2	780	0.1	60	2.5	10
3	800	0.3	70	3	12
4	830	0.5	76	3.5	15

▣表 6-2　正交实验方案表

因素	A	B	C	D	E	试验方案	折叠数	螺旋脊椎纹深度
试验 1	1	1	1	1	1	$A_1B_1C_1D_1E_1$	0	0
试验 2	1	2	2	2	2	$A_1B_2C_2D_2E_2$	1	1
试验 3	1	3	3	3	3	$A_1B_3C_3D_3E_3$	2	1
试验 4	1	4	4	4	4	$A_1B_4C_4D_4E_4$	2	2
试验 5	2	1	2	3	4	$A_2B_1C_2D_3E_4$	2	0
试验 6	2	2	1	4	3	$A_2B_2C_1D_4E_3$	2	1
试验 7	2	3	4	1	2	$A_2B_3C_4D_1E_2$	0	1
试验 8	2	4	3	2	1	$A_2B_4C_3D_2E_1$	1	2

因素	A	B	C	D	E	试验方案	折叠数	螺旋脊椎纹深度
试验 9	3	1	3	4	2	$A_3B_1C_3D_4E_2$	2	2
试验 10	3	2	4	3	1	$A_3B_2C_4D_3E_1$	1	1
试验 11	3	3	1	2	4	$A_3B_3C_1D_2E_4$	2	1
试验 12	3	4	2	1	3	$A_3B_4C_2D_1E_3$	2	2
试验 13	4	1	4	2	3	$A_4B_1C_4D_2E_3$	0	0
试验 14	4	2	3	1	4	$A_4B_2C_3D_1E_4$	0	0
试验 15	4	3	2	4	1	$A_4B_3C_2D_4E_1$	2	1
试验 16	4	4	1	3	2	$A_4B_4C_1D_3E_2$	2	2

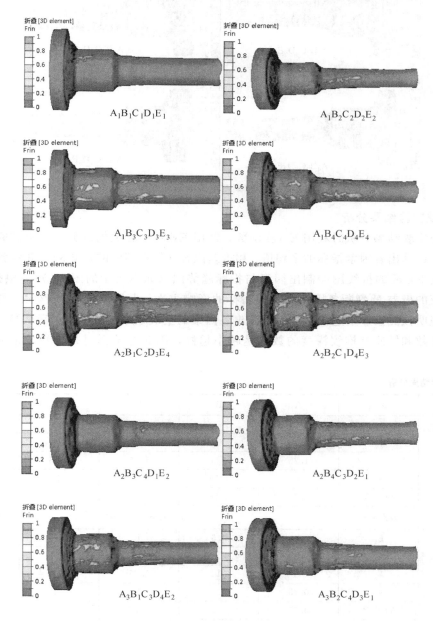

图 6-26

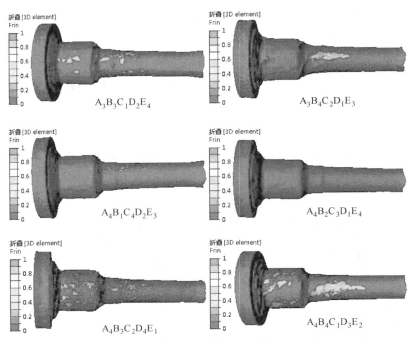

$A_3B_3C_1D_2E_4$ $A_3B_4C_2D_1E_3$

$A_4B_1C_4D_2E_3$ $A_4B_2C_3D_1E_4$

$A_4B_3C_2D_4E_1$ $A_4B_4C_1D_3E_2$

图 6-26　各方案对折叠缺陷的影响

3. 正交实验结果分析

本正交实验结果分析时利用 Excel 函数，即用 Excel 中相关的函数对正交试验的数据进行分析，计算出各因素指标的平均值 $\overline{k}$ 和极差值 R（如本实验的表 6-3），并将各因素的平均值插入 Excel 的折线图绘制出因素与指标趋势图（如本实验的图 6-27）。根据表 6-3 中各指标值的极差 R 判断各因素对试验指标的影响主次。某因素的极差越大，则数据波动越大，表明该因素影响越大，从而判断出各因素的主次顺序。对于本正交试验，质量指标的折叠处数和螺旋脊椎纹深度的数值是越小越好，因此在选择时是选平均值 $\overline{k}$ 小的为原则。

▢ **表 6-3　试验结果分析**

指标	参数	A	B	C	D	E
折叠处数/处	$\overline{k}_1$	1.25	1	1.5	0.5	1
	$\overline{k}_2$	1.25	1	1.75	1	1.25
	$\overline{k}_3$	1.75	1.5	1.25	1.75	1.5
	$\overline{k}_4$	1	1.75	0.75	2	1.5
	极差 R	0.75	0.75	1	1.5	0.5
	因素主次	D＞C＞A＝B＞E				
螺旋深度/mm	$\overline{k}_1$	1	0.5	1	0.75	1
	$\overline{k}_2$	1	0.75	1	1	1.5
	$\overline{k}_3$	1.5	1	1.25	1	1
	$\overline{k}_4$	0.75	2	1	1.5	0.75
	极差 R	0.75	1.5	0.25	0.75	0.75
	因素主次	B＞A＝D＝E＞C				

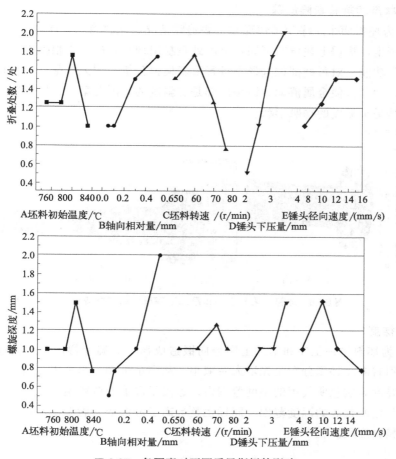

图 6-27　各因素对不同质量指标的影响

图 6-27 中是各因素对空心齿轮轴的折叠处数和螺旋脊椎纹深度的影响趋势图，根据不同指标可以获得不同的优化方案，所以这里需要对因素综合考虑选择方案。正交试验对多指标分析常见的方法有综合评分法和综合平衡法，因不好把握综合评分法的评分，选用综合平衡法分析本试验数据。因素 A 和因素 D：对于折叠处数和螺旋脊椎纹深度的影响趋势是一样的，都是选 A_4、D_1 为优水平。因素 B：从趋势图可知，B_1 和 B_2 对折叠处数的影响程度相差不大，取 B_1 或 B_2 都可以，而对于螺旋脊椎纹深度是 B_1 为优水平，综合考虑，选取 B_1 为最优水平因素。因素 C 和因素 E：从趋势图可知这两个因素对两个指标影响的趋势不一致，对于折叠处数，优水平为 C_4 和 E_1，而对于螺旋脊椎纹深度的优水平为 C_1、C_2、C_4 和 E_1、E_4，综合考虑的最优水平为 C_4 和 E_1。

综合以上的分析结果，最终优方案定为 $A_4B_1C_4D_1E_1$，坯料的初始温度为 830℃，轴向相对送进量为 0.05mm，坯料每次转角为 23°（转速 76r/min），锤头径向下压量为 2mm，锤头径向速度 7.5mm/s，没有包含在已做的 16 组试验中。

二、最优工艺参数模拟结果

把正交试验分析获得的较优参数组输入 Forge2011 有限元模型中，对汽车空心齿轮轴径向锻造成形进行数值模拟优化，以下为模拟结果。

1. 成形状态和折叠缺陷追踪

图 6-28 为坯料两个工序变形情况和折叠追踪情况，坯料第一工序和第二工序完成后，无明显折叠产生，根据上述研究可知，台阶处是易出现折叠的，再根据 Forge2011 的"显示叠料追踪"功能，对可疑部位选择点进行重新模拟分析表明无折叠；根据模具锤头的设计特征可知，为了方便金属流动，锤头尾部是有斜度的，因此第一工序台阶刚成形完成时的锻件尾部是呈小弧度的喇叭形状。

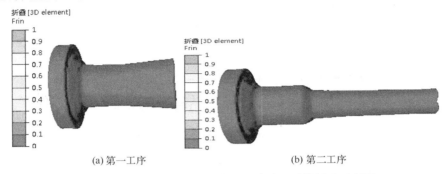

(a) 第一工序　　　　　　　　　(b) 第二工序

图 6-28　坯料在第一工序和第二工序成形后的折叠示意图

2. 温度梯度

图 6-29 为坯料第一工序和第二工序径向锻造成形后的温度梯度分布情况，第一工序后坯料从左到右温度梯度分布是先增大后减小；从图中可知，第一工序后坯料需要成形第二处台阶的温度为橘色所代表的温度范围内，远离了温锻的蓝脆温度区；第二工序完成后端部温度为蓝色所代表的温度范围，同样也是远离了温锻的蓝脆温度区，说明整个成形过程都不在蓝脆温度区。

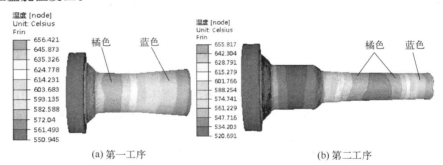

(a) 第一工序　　　　　　　　　(b) 第二工序

图 6-29　坯料在第一工序和第二工序成形后的温度梯度示意图

3. 有效应变

图 6-30 为两个工序后的有效应变情况，应变可理解为单位长度的变形量，因此从图中可观察到第一工序最大有效应变 7.75 比第二工序最大有效应变 8.05 小，由空心齿轮轴的外形特征决定了在径向锻造成形时台阶处附近的变形量比其他部位的变形量大，由此可解释第一工序后台阶处出现最大有效应变分布云图。

4. 等效应力

图 6-31 为空心齿轮轴各序径向锻造成形等效应力分布云图，从理论上分析一般等效应力与等效应变呈线性的对应关系，结合图 6-31 与图 6-30 的应力应变的分布云图可以观

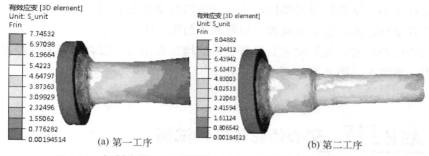

图 6-30　坯料在第一工序和第二工序成形后的有效应变示意图

察到，说明模拟结果与理论一致。由两工序的应力云图分布情况可知，台阶附近处的应力普遍大于其他区域，第二工序的最大等效应力大于第一工序的最大等效应力。研究表明等效应变沿径向分布不均匀，中心处的等效应变大约为外径边缘的一半，变形过程的热传导引起的升温不明显；变形拐角处的等效应变是此处中心应变的 1.48 倍，受周期脉冲应力波和轴向应力的影响，拐角处的残余应力高达 32MPa；因此图中观察到在台阶处的应力、应变比其他部位的大，即可理解为预成形区比整形区变形大。

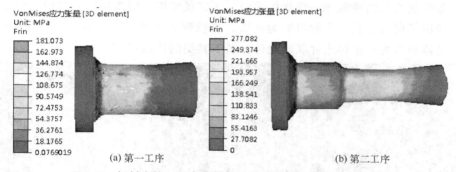

图 6-31　坯料在第一工序和第二工序成形后的等效应力示意图

5. 锤头载荷

图 6-32 为锻件总成形锤头的载荷-行程示意图，从图中可观察到有 10 个波峰和波谷，而用蓝色虚线圈出的三部分是整形段的载荷-行程示意图，所以整个径向锻造成形模拟过程由 13 个多道次构成。图中第一个蓝虚线圈前是第一个台阶成形锤头的载荷-行程，波峰值在随行程的增加而增大，由于整形段变形不大，所以第一工序整个整形段的载荷变化比较小；第一个蓝虚线圈后就是第二工序的台阶成形和整形段，同样的波峰值在随行程的增加而增大，直到第二工序完，最后一个波峰是最小的一个台阶，因应变量小未作为研究对

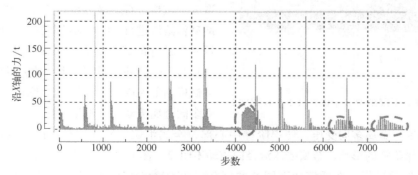

图 6-32　锻件总成形一个锤头的载荷-行程示意图

象；从图中观察到，随着行程的增加，三个蓝色圈的整形段的载荷在逐渐变小，由于第一工序的整形段壁厚最大，变形量最大，材料流动的阻力随变形量的增大而增大。研究表明金属轴向和切向的流动，使等效应变随着台阶的增加而增加，随着收缩率的增加，等效应力、模具力逐渐增大（图 6-30、图 6-31、图 6-32）。

第四节　空心齿轮轴样件试制

一、显微组织

径向锻造成形的坯料是由棒材在 1250℃ 左右热挤压＋机加获得的，图 6-33 就是径向锻造成形前坯料的组织。从图 6-33（a）可知原始棒材的原始组织是等轴状均匀的铁素体＋珠光体组织，没有带状，带状组织为 0 级，晶粒度为 5 级；图 6-33（b）是热锻堆冷后获得的等轴状均匀的铁素体＋珠光体组织，无带状组织，因为堆冷散热慢，相当于坯料挤压成形经历了退火工艺，带状组织为 0 级，晶粒度为 4 级；从图 6-33（c）观察到热锻后空冷的基体组织为铁素体＋片状珠光体，属于典型的热锻组织。

 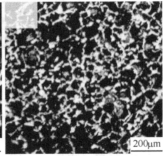 

(a)原始组织　　　　　　　　(b)热锻堆冷后金相组织　　　　　　(c)热锻后空冷组织

图 6-33　径向锻造成形前的组织

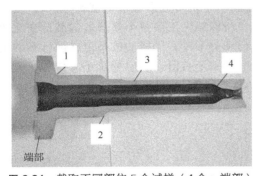

图 6-34　截取不同部位 5 个试样（4 个＋ 端部）

原理上试样组织影响产品的力学性能，通过观察组织为后序空心齿轮轴的热处理做理论准备。图 6-34 为在空心齿轮轴试制品不同部位截取 5 个试样进行显微分析，截取试样用 3％ 的硝酸酒精溶液进行 40s 左右的腐蚀，获得图 6-35 所示 5 个试样的截面形貌。图 6-35（a）与图 6-35（b）为齿轮轴外表面第一个台阶处纵向试样中心到试样内部 200 倍下的形貌，图 6-35（a）观察到多向金属流动涡旋汇聚的痕迹，因为此处为初始的大变形区，金属多向受压，使得阶梯中心部位金属汇聚，增强了材料的致密性；图 6-35（b）是受芯棒阶梯的影响，金属受压沿径向流动不明显。图 6-35（c）与图 6-35（d）是齿轮轴第二处台阶处的试样，在低倍数下图 6-35（c）中可观察到组织拉长的现象，在高倍图 6-35

（d）中晶粒明显被拉长，可见线条状的金属组织，即所说的纤维组织。图 6-35（e）与图 6-35（f）为最小台阶处试样的横向形貌，试样表面处的金属流动方向见图 6-35（e）中箭头所示，可发现在高倍下图 6-35（f）中金属晶粒尺寸比图 6-35（d）的小，组织更加致密。4 号试样的纵向由内到外截面形貌图 6-35（g）、图 6-35（h）、图 6-35（i），反映了成形端部内腔台阶处的组织，图 6-35（g）和图 6-35（i）明显是纤维组织，此处端部的金属全是前部金属受压流动于此，图 6-35（h）为此试样中部形貌，反映出金属流动受内腔台阶的影响。图 6-35（j）为左端部位的形貌，此处未受温锻变形，加热温度约为 830℃，空冷至室温；由于未进入奥氏体化温度，晶粒内部仍有魏氏体组织存在。综合这几个不同位置的形貌，比较可知，从 1 号样品到 4 号样品的晶粒越来越小，那是因为沿温锻拔长方向拉伸变形，变形量逐渐增大，4 号样品的变形量最大，晶粒变形程度最大。

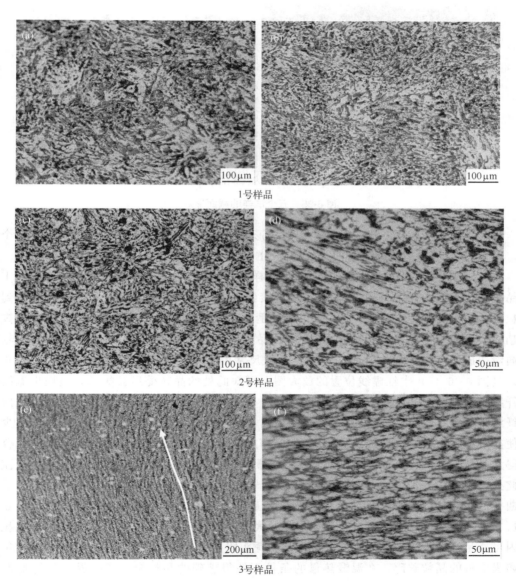

图 6-35

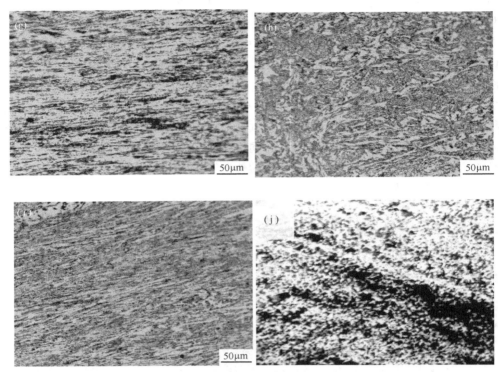

4号样品和左端部样品

图 6-35 五个试样的截面形貌

为了进一步了解空心齿轮轴径向锻造成形的组织，采用高倍数的扫描电镜观察四个试样，图 6-36 为不同部位截取的四个试样的 SEM 组织示意图。

图 6-36 中每个试样左边的 SEM 图是试样表面形貌，右边是试样高倍数的形貌。1 号样品表层组织如图 6-36（a）所示，可以观察到表层未变形的晶粒和变形晶粒，从内到外晶粒尺寸由大到小逐层变化；图 6-36（b）是 1 号试样中部高倍 SEM 图，晶粒有被拔长的趋势，尺寸明显比表层晶粒的小。2 号样品的表层组织见图 6-36（c），观察到由齿轮轴径向锻造成形获得台阶的弧面，外表层晶粒尺寸由未变形到大晶粒再逐渐变小，图 6-36（d）是图 6-36（c）中红虚线位置的放大图，可知此处的晶粒受压被拔长，呈现出流线状的纤维组织。3 号样品的表层组织如图 6-36（e）所示，观察到距离表层约 50μm 就出现了纤维组织（见图中流线方向），流线的走向与空心齿轮轴台阶走向一致，有利于减少缺陷使晶粒更致密；从红虚线的高倍图 6-36（f）可知最表层的晶粒间破碎合并或晶界合并获得大晶粒，且晶界有被拔长的趋势。4 号部位的金属全是由径向锻造成形减径拔长流动到此处，因此图 6-36（g）未能呈现 1 号、2 号、3 号样品的大晶粒，图 6-36（h）所示金属曲线流线的纤维组织是受此处芯棒台阶阻碍，金属沿芯棒台阶流动所导致的。图 6-36（a）、图 6-36（c）、图 6-36（e）中表层晶粒大小变化不一致，最表层呈现未变形的晶粒的原因可能是当锤头接触到坯料时，冲击功和锤头阻止了外表层金属的流动，冲击功的传递使离表层近的晶粒破碎，在温锻热量的条件下使得破碎的晶粒合并或晶界合并得到大晶粒。综合四个样品的 SEM 图可知，径向锻造成形的空心齿轮轴除表层晶粒大小不均匀

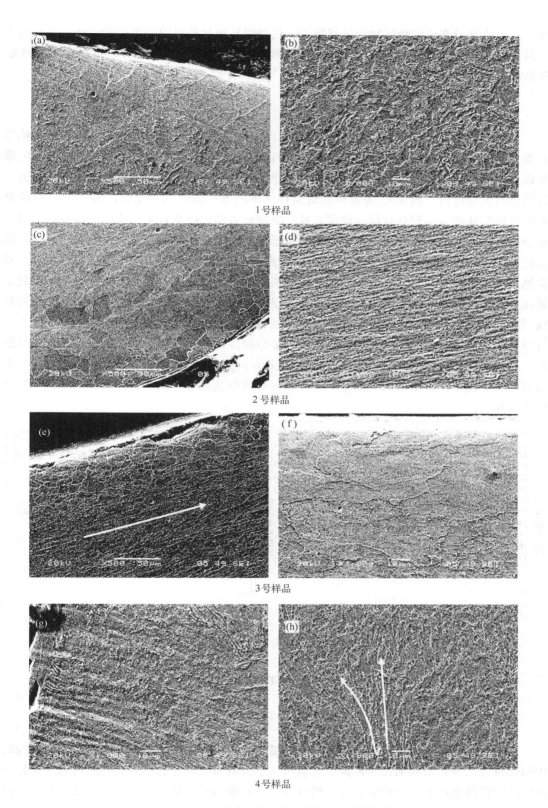

图 6-36 试样样件不同部位的截面形貌

外，其他大部分部位的金属均为纤维组织，这种明显细化晶粒的径向锻造成形工艺有利于产品后序工艺对组织的改善，谢飞利用径向锻造法制备钨铜合金时，取得了类似的纤维组织结构。

二、显微硬度

先将切割得到的样品 RD-TD 面经过 400♯、800♯、1500♯、2000♯和 2500♯砂纸打磨光亮，在显微硬度测试时，载荷为 100g，加载时间 10s，在样品 RD-TD 面上纵向等分取为六个点，并在每个等分点的横向打三个点进行硬度测试，并将这三个点求平均值作为等分点的硬度值。图 6-37 为齿轮轴试制样件不同部位截面的显微硬度曲线图，曲线显示的是试样从内表层到外表层的硬度，我们发现内表层的硬度普遍比其他部位高，原因一是金属流动主要沿芯棒所在的内表层，即变形主要发生在径向中心往内；原因二是径向锻造过程中芯棒与坯料之间是直接接触，内表层散热比其他地方快。图 6-37（a）为空心齿轮轴径向锻造成形第一工序台阶和整形锻的显微硬度曲线，可观察到台阶段和整形段的显微硬度从心部到表面逐渐降低，且整形段的显微硬度比台阶段的要大，印证了这两处的微观形貌的变化，整形段的纤维组织比台阶段更致密，晶粒更细化。图 6-37（b）为空心齿轮轴径向锻造成形第二工序台阶和整形段的显微硬度曲线，整形段心部的硬度比台阶处的高，说明整形使材料的致密性提高了。结合图 6-37（a）和图 6-37（b）可知，第二工序的表面硬度比第一工序的大，是第二工序材料总的形变比第一工序的大，形变强化引起薄壁硬度提高。

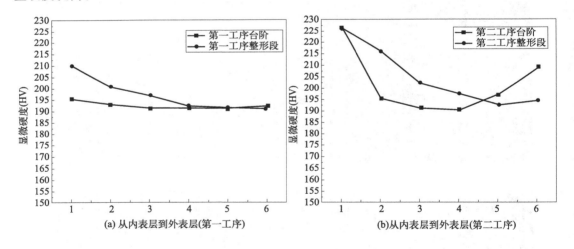

图 6-37　空心齿轮轴试制样件不同部位截面的显微硬度

三、热处理及性能

热处理后的锻件不可直接投入使用，还需要机械加工齿和花键，右端头加工为花键，中间部位第二个台阶处加工为环齿，左端头加工为斜齿，因此着重研究不同等温正火处理对锻件齿部位金属组织的影响。在做热处理时需注意调整加热炉，提升机段和等温炉的网带传送速度频率，保证零件保温时间在工艺要求范围内。

1. 22Hz 风冷

等温正火热处理工艺流程：①加热炉：930℃，保温180min；②提升机段：22Hz风冷至580℃，传送带速度频率0～5Hz；③等温炉：580℃，保温150min；④出炉空冷至室温。图6-38为经此等温正火工艺处理后的纵向形貌，各部位都无带状组织，图6-38（a）和图6-38（b）中右端花键和中部环齿的壁厚较薄，组织都是铁素体＋珠光体，但晶粒度不一致，图6-38（a）的晶粒度是9级，局部混有7级，而图6-38（b）的晶粒度是9级，混有局部6～7级。图6-38（c）是底部盘齿的壁厚（较厚）的形貌，组织为较均匀分布的铁素体＋珠光体，晶粒度为9级。22Hz的风冷使较薄壁厚的花键部位和环齿部位出现不同程度的粗晶粒，因此后续工艺可着手改善和控制局部粗晶的缺陷。

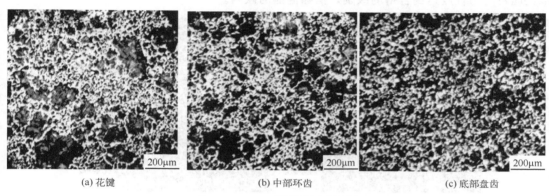

(a) 花键　　　　　　　　　　(b) 中部环齿　　　　　　　　　(c) 底部盘齿

图6-38 22Hz风冷的正火组织

2. 5Hz 风冷

等温正火热处理工艺流程：①加热炉：930℃，保温180min；②提升机段：5Hz风冷至580℃，传送带速度频率0～5Hz；③等温炉：580℃，保温150min；④出炉空冷至室温。图6-39是后花键和中部环齿部位的正火组织图，从图6-39（a）观察可知，基体为等轴的铁素体＋珠光体，无带状组织，晶粒度为8级，局部为4～5级；图6-39（b）和图6-39（c）的组织是总取向为变形方向的铁素体＋珠光体，带状不明显，图6-39（b）的晶粒度为8～9级，局部混有4～6级晶粒，图6-39（c）的晶粒度为8级，局部为6～7级，说明同部位晶粒的均匀程度还需改善。总的来说，降低风冷速度，各部位晶粒均匀程度有较小程度的改善。

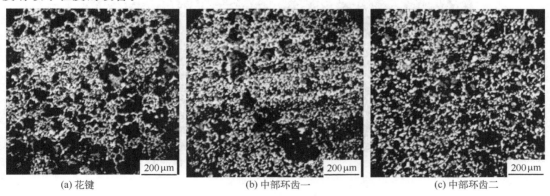

(a) 花键　　　　　　　　　(b) 中部环齿一　　　　　　　　(c) 中部环齿二

图6-39 5Hz风冷的正火组织（纵向）

3. 15Hz 和 5Hz 风冷

两次不同等温正火热处理，工艺流程如下：加热炉 930℃保温 180min；15Hz 风冷到 580℃；等温炉 580℃保温 150min；空冷至室温。第二次等温正火，加热炉 930℃保温 180min；5Hz 风冷到 580℃；等温炉 580℃保温 150min；空冷至室温。图 6-40 两次相同的等温正火处理后的组织，无带状组织。图 6-40（a）是均匀分布的铁素体＋珠光体组织，晶粒度为 8 级，图 6-40（b）是总体带有径向锻造变形取向的铁素体＋珠光体组织，晶粒度为 8 级（局部 7 级），且花键的组织取向比中部环齿的弱。从图中可观察到经两次等温正火后的晶粒度和均匀性明显比经一次等温正火的好，纵向组织带状组织级别合格，但局部仍然存在不均匀晶粒，后续工艺仍需要进行调整，协调各部位组织状态，使花键和环齿部位晶粒均匀程度达到合格的级别，消除混晶的缺陷。

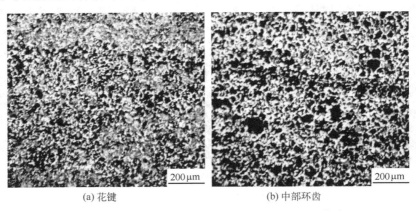

(a) 花键　　　　　　　　　　　　　(b) 中部环齿

图 6-40 15Hz 和 5Hz 风冷的二次等温正火组织（纵向）

4. 5Hz 风冷和 0Hz 风冷

两次不同等温正火热处理，工艺流程如下：加热炉 930℃保温 180min；5Hz 风冷到 580℃；等温炉 580℃保温 150min；空冷至室温。第二次等温正火：加热炉 930℃保温 180min；0Hz 风冷到 580℃；等温炉 580℃保温 150min；空冷至室温。图 6-41 为两次低风速冷却的正火处理，第一次中间过程的风冷改为 5Hz，第二次取消了风冷，改为加盖缓冷到等温区间进行保温，从图中可知各部位不管横向还是纵向的金相组织均为均匀分布的铁素体＋珠光体组织，缺陷均得到改善，甚至消除，晶粒度和带状组织都达到了合格指标。

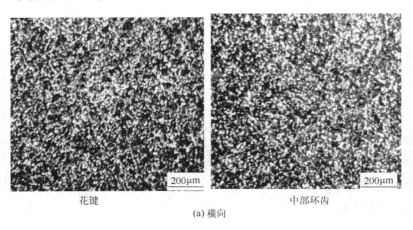

花键　　　　　　　　　　　　　中部环齿

(a) 横向

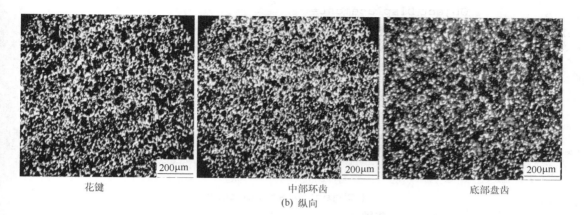

花键   中部环齿   底部盘齿

(b) 纵向

图 6-41   5Hz 风冷和 0Hz 风冷的二次等温正火组织

第五节　汽车空心齿轮轴多道次文件代码

```
{ Pass1=
    { At Each Blow=
    { Object Displacement=
        { Name=  坯料 }
        { Translation=  0 0 - 0.05 }
        { Rotation=
            { Angle=  23 }
            { Axis=  0 0 1 }
            { Point=  0 0 0 }
        }
    }
                { Object Displacement=
        { Name=  芯轴 }
        { Translation=  0 0 - 0.05 }
    }
    }
    { Number Of Blows=  24 }
        { Active Boxes=  - 1 }
    { Final Height=  17 }
}
{ Pass2=
    { At Each Blow=
```

```
{ Object Displacement=
    { Name= 坯料 }
    { Translation= 0 0 -0.05 }
{ Rotation=
    { Angle= 23 }
    { Axis= 0 0 1 }
    { Point= 0 0 0 }
}
}
                { Object Displacement=
    { Name= 芯轴 }
    { Translation= 0 0 -0.05 }
}
}
{ Number Of Blows= 34 }
    { Active Boxes= - 1 }
{ Final Height= 15 }
}


{ Pass3=
    { At Each Blow=
    { Object Displacement=
        { Name= 坯料 }
        { Translation= 0 0 -0.05 }
        { Rotation=
            { Angle= 23 }
            { Axis= 0 0 1 }
            { Point= 0 0 0 }
        }
    }
                { Object Displacement=
    { Name= 芯轴 }
    { Translation= 0 0 -2 }
}
}
{ Number Of Blows= 33 }
    { Active Boxes= -1 }
{ Final Height= 13 }
}
```

```
{ Pass4=
      { At Each Blow=
      { Object Displacement=
          { Name= 坯料 }
          { Translation=  0 0 -0.05 }
          { Rotation=
              { Angle=  23 }
              { Axis=  0 0 1 }
              { Point=  0 0 0 }
          }
      }
                      { Object Displacement=
          { Name= 芯轴 }
          { Translation=  0 0 -0.05 }
      }
  }
  { Number Of Blows=  33 }
      { Active Boxes=  -1 }
  { Final Height=  11 }
}

{ Pass5=
      { At Each Blow=
      { Object Displacement=
          { Name= 坯料 }
          { Translation=  0 0 -0.05 }
          { Rotation=
              { Angle=  23 }
              { Axis=  0 0 1 }
              { Point=  0 0 0 }
          }
      }
                  { Object Displacement=
          { Name= 芯轴 }
          { Translation=  0 0 -0.05 }
      }
    }
    { Number Of Blows=  33 }
```

```
                { Active Boxes= -1 }
           { Final Height= 9 }
     }


     { Pass6=
          { At Each Blow=
          { Object Displacement=
                { Name= 坯料 }
                { Translation= 0 0 -0. 05 }
                { Rotation=
                     { Angle= 23 }
                     { Axis= 0 0 1 }
                     { Point= 0 0 0 }
                }
          }
                          { Object Displacement=
                { Name= 芯轴 }
                { Translation= 0 0 -0. 05 }
          }
     }
     { Number Of Blows= 33 }
           { Active Boxes= -1 }
     { Final Height= 7 }
     }
     { Pass7=
          { At Each Blow=
          { Object Displacement=
                { Name= 坯料 }
                { Translation= 0 0 -4 }
                { Rotation=
                { Angle= 23 }
                { Axis= 0 0 1 }
                { Point= 0 0 0 }
          }
     }
                          { Object Displacement=
          { Name= 芯轴 }
          { Translation= 0 0 -4 }
     }
```

```
    }
    { Number Of Blows= 13 }
            { Active Boxes= -1 }
    { Final Height= 7 }
}
{ Pass8=
        { At Each Blow=
        { Object Displacement=
            { Name= 坯料 }
            { Translation= 0 0 -0.05 }
            { Rotation=
                { Angle= 23 }
                { Axis= 0 0 1 }
                { Point= 0 0 0 }
            }
        }
                    { Object Displacement=
            { Name= 芯轴 }
        { Translation= 0 0 -0.05 }
        }
    }
    { Number Of Blows= 20 }
            { Active Boxes= -1 }
    { Final Height= 5 }
}
{ Pass9=
        { At Each Blow=
        { Object Displacement=
            { Name= 坯料 }
            { Translation= 0 0 -0.05 }
            { Rotation=
                { Angle= 23 }
                { Axis= 0 0 1 }
                { Point= 0 0 0 }
            }
        }
                { Object Displacement=
        { Name= 芯轴 }
        { Translation= 0 0 -0.05 }
```

```
            }
        }
    { Number Of Blows=  20 }
            { Active Boxes=  -1 }
    { Final Height=  3 }
}
{ Pass10=
        { At Each Blow=
        { Object Displacement=
            { Name=  坯料 }
            { Translation=  0 0 -0.05 }
            { Rotation=
                { Angle=  23 }
                { Axis=  0 0 1 }
                { Point=  0 0 0 }
            }
        }

                    { Object Displacement=
            { Name=  芯轴 }
            { Translation=  0 0 -0.05 }
        }
    }
    { Number Of Blows=  20 }
            { Active Boxes=  -1 }
    { Final Height=  1 }
    }
    { Pass11=
        { At Each Blow=
        { Object Displacement=
            { Name=  坯料 }
            { Translation=  0 0 -2 }
            { Rotation=
                { Angle=  23 }
                { Axis=  0 0 1 }
                { Point=  0 0 0 }
            }
        }

                    { Object Displacement=
            { Name=  芯轴 }
```

```
                { Translation=  0 0 -2 }
            }
        }
    { Number Of Blows=  10 }
            { Active Boxes=  -1 }
    { Final Height=  1 }
}
{ Pass12=
        { At Each Blow=
        { Object Displacement=
            { Name=  坯料 }
            { Translation=  0 0 -0. 05 }
            { Rotation=
                { Angle=  23 }
                { Axis=  0 0 1 }
                { Point=  0 0 0 }
            }
        }
                    { Object Displacement=
            { Name=  芯轴 }
            { Translation=  0 0 -0. 05 }
        }
    }
    { Number Of Blows=  20 }
            { Active Boxes=  -1 }
    { Final Height=  0 }
}
{ Pass13=
        { At Each Blow=
        { Object Displacement=
            { Name=  坯料 }
            { Translation=  0 0 -4 }
            { Rotation=
                { Angle=  23 }
                { Axis=  0 0 1 }
                { Point=  0 0 0 }
            }
        }
                { Object Displacement=
```

```
            { Name=  芯轴 }
            { Translation=  0 0 -4 }
        }
    }
    { Number Of Blows=  20 }
        { Active Boxes=  -1 }
    { Final Height=  0 }
}
```

第七章

新能源汽车空心电机轴径向锻造

第一节　空心电机轴特点及径向锻造工艺

一、空心电机轴特点

如图 7-1 所示为某品牌纯电动汽车电机轴零件简图，从形状上看，该零件外形为多台阶结构，内腔两端小、中间大，属于典型的大直径厚管壁类空心轴零件，俗称大肚皮长轴，若使用传统的工艺加工，只能采用焊接的工艺方式，先将产品拆分为 A、B 两个零件，采用模锻成形或者直接机加的工艺方式，然后运用焊接工艺焊接而成，不仅工艺流程长，减重效果差，而且存在可能产生焊接缺陷的风险，而使用径向锻造成形技术加工此零件具有以下技术优势：

① 实现空心最大化。该类产品两端内孔小，中间内腔大，传统的机械加工方式仅能通过深孔钻工艺实现直孔加工，无法达到图纸的壁厚要求，而采用径向锻造成形技术则可以使用管材，利用锤头高频锻造实现内外孔径的塑性变形，达到空心的最大化，对比实心轴，减重达 56%。

② 原材料利用率最大化。通过径向锻造技术可以实现内外径的同时成形，内孔实现零切削加工，外径实现 H6 级精度的冷锻成形，微切削即能达到产品要求，材料利用率高达 90%，不仅提升了材料的利用率，而且节约了因切削导致的成本增加。

③ 生产效率高。通过测算，使用 GFM 径向锻造机成形仅需两道工序即能得到径向锻造精坯，总加工时间仅需 1min，大大提升了生产效率。

④ 金属流线好。因径向锻造是通过模具在 1200 次/min 的高频锻打下实现的金属微量变形，模具每锤击一次工件直径变化不足 0.05mm，因此通过该工艺方案得到的零件具有连续流线状的纤维组织，有利于提升零件的机械性能。

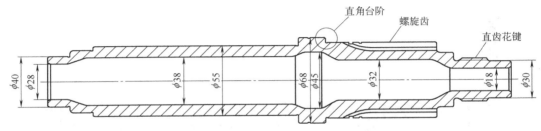

图 7-1 某空心电机轴零件简图

二、空心电机轴工艺方案及模拟环境设置

1. 径向锻造工艺方案设计

该零件最大外径为 68mm，最小外径为 30mm，最大内径 45mm，最小内径 18mm，通过计算，最大横截面积处为 φ68mm 凸台区域且其他区域外径和内径尺寸均小于该区域，因此可以此区域为界，将零件分为左右两个锻造区域，分别实现冷成形加工。如图 7-1 所示，以直径 68mm 外圆右侧部分为例，外表面由四个台阶面构成且过渡区为 90°直角，台阶与台阶之间为小圆弧过渡，且台阶高度差较大，产品外径和内腔均有尺寸及形状要求，因此内腔必须使用一支仿形芯棒作为模具。为了防止锻造过程中的褶皱缺陷，通过径向锻造过程中的金属的横向流动，使之与模具相接触，成形出需要的内腔形状。该处采用推进式虽能有效地提升金属的纵向流动，降低产品锻造过程中的锻造比，但锤头的推进面角度将很大，推进过程中的阻力将极大，不利于金属的流动和成形，在该过程中也可能产生金属的异常褶皱缺陷。而该处直接采用凹进式径向锻造方式，可以有效地通过模具的仿形实现外径尺寸的成形，降低外径的成形难度，提升成形精度，但该处材料壁厚较厚，凹进式径向锻造过程中工件无纵向运动，金属的流动主要以横向流动为主，而上述分析后内腔需要增加模具才能较好地实现内腔现状的成形。那么锤头锻造过程中金属向内横向运动，而模具对金属的流动起到阻碍作用，两者的相互矛盾会导致锻造过程中的金属在两者的挤压力作用下纵向流动，最终会导致金属组织的紊乱，甚至会出现缺陷。

2. 锤头设计方案

该空心电机轴既不能直接使用推进式径向锻造也不能直接使用凹进式的径向锻造，所以该处既要使用推进式促进材料的纵向流动，也需要材料横向流动成形内腔，为解决两者的矛盾，此处将锤头设计为图 7-2 所示形状，C 区域设计了一个角度，在锻造过程中 C 区域推动材料纵向流动，起到推进式锻造方式的作用；而利用程序控制锤头横向和纵向同时运动中的不同速度，促使材料按目标值横向流动，起到凹进式径向锻造的目的。采用锥度径向锻造法

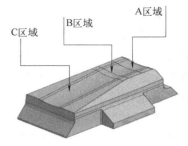

图 7-2 锤头 3D 示意图

和反向拔长法相结合的锻造方案，锤头外形与推进式锤头较为类似，该方法介于凹进式与推进式之间，其锻造过程为：先采用锥度径向锻造法成形一段外圆，然后采用反向拉拔式的方式，推动材料反向流动，实现内外径的成形，其锤头设计如图 7-3 所示，A 区域为 1°的圆弧斜面，凹进式时便于材料的纵向和横向流动，避免金属单一流动导致撕裂缺陷；B

区域为直线段圆弧，该区域主要目的是使材料横向定量流动及外圆整形，形成高精度外圆尺寸；C 区域为 6°的圆弧斜面，该区域主要目的是在拉拔的过程中使金属横向流动充满内腔的同时，多余的金属纵向流动，形成所需要的内外径尺寸。

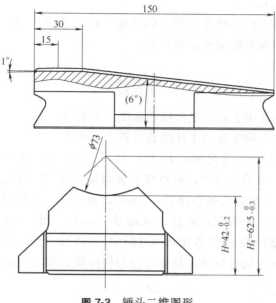

图 7-3 锤头二维图形

径向锻造工艺方案设计顺序如图 7-4 所示。

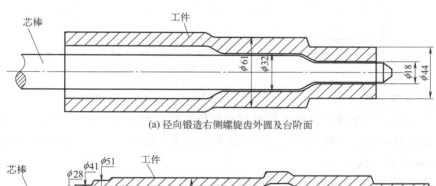

(a) 径向锻造右侧螺旋齿外圆及台阶面

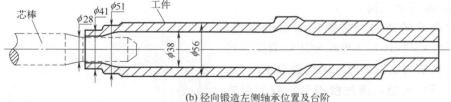

(b) 径向锻造左侧轴承位置及台阶

图 7-4 径向锻造工艺方案

3. 原材料规格及状态设计

通过上述分析，在径向锻造的过程中，材料既横向流动也纵向流动，影响材料流动速度的因素除原材料性能外，还有锤头结构、径向锻造方式等诸多因素，进给式径向锻造方式较凹进式径向锻造方式，材料纵向流动的速度明显大于横向流动速度，因此若想通过计算的方式得到材料的流动规律，难度极大。若用 ρ 来衡量横截面积上的金属量，那么：

$$\rho = \frac{(D/2)^2}{(d/2)^2} \tag{7-1}$$

式中　　D——外径直径尺寸；

　　　　d——内径直径尺寸。

那么径向锻造前后工件的横截面积上的金属量的比值 &，能较好地反馈金属在径向锻造的过程中，横向和纵向流动的量的多少。

$$\& = \frac{\rho_1}{\rho_2} \tag{7-2}$$

式中　　ρ_1——径向锻造前用于衡量工件横截面积大小的值；

　　　　ρ_2——径向锻造后用于衡量工件横截面积大小的值。

一般来说 & 取 1.15~1.5 之间，若 &<1.15，内孔将无法实现精确成形，通俗来说，内孔将无法充满；而 &>1.5，材料横向流动阻力很大，锻造力大且材料易出现缺陷。如图 7-5 所示，$\phi 68$ 区域内孔直径为 $\phi 45$mm，若原材料内孔取值 $\phi 45$mm 则内孔不需要径向锻造，可以降低芯棒的制造难度，也能节约加工时间。根据径向锻造成形的经验值，一般大直径厚管壁的材料锻造比取 1.15~1.5 较为合适，通过测算原材料取外径 $\phi 69$mm，内孔取 $\phi 45$mm 能较好地满足该零件的径向锻造加工工艺要求。

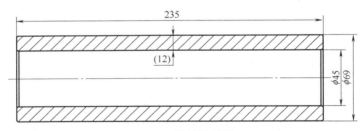

图 7-5　原材料规格

4. 模拟环境设置

使用 UG 建立三维模型，设置其相对空间位置后，将各模块导入 Simufact-forming 构建径向锻造模拟模型，如图 7-6 所示，各模块处于锻造初始状态，注意此时锤头与材料预留至少 1mm 安全距离。

选取产品的结构及所使用的锻造类型，因图 7-4（a）与（b）工序所使用的锻造方式是一致的且结构比较类似，因此选取了图 7-4（a）作为研究对象，通过模拟分析找到影响径向锻造成形的关键因子，指导产品的开发。通过对径向锻造工艺的解析，采用锥度锻造法来成形零件，其锻造过程如图 7-7 所示，首先在变形台阶处锻造出一定的锥度，接着再向外反向拔长出需要的长度；锥度锻造与反向拔长时每一道次的变形量由程序控制，最终经过多个道次的锻打使坯料由 $\phi 69$mm

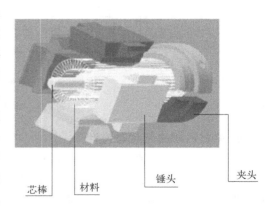

图 7-6　锤头、芯棒和坯料的三维模型

芯棒　　材料　　锤头　　夹头

缩减至最终零件所需尺寸。

(a) 工步P1锥度锻造　　　　　　　　　　(b) 工步P2反向拔长

图 7-7　工序工步解析

选取的原材料为 42CrMo4，其化学成分如表 7-1 所示。

⊡表 7-1　42CrMo4 合金钢的化学成分　　　　　　　　　　　　　　　% （质量分数）

元素	C	Si	Mn	P	S	Cr	Mo
min	0.38	0	0.6	0	0	0.9	0.15
max	0.45	0.40	0.9	0.035	0.035	1.2	0.3

机械性能指标如表 7-2 所示。

⊡表 7-2　机械性能指标

抗拉强度 R_m	屈服强度 $\sigma_{0.2}$	伸长率 λ	断面收缩率 Z	冲击韧性 K	硬度
≥1080MPa	≥930MPa	≥12%	≥45%	≥63J/cm²	≤217HB

该材料含碳量较高，在锻造过程中硬度会有所提升，材料对应的抗拉强度和硬度均会不同程度地升高，导致材料在径向锻造过程中塑性降低，最终会导致锻造力提升，锻造缺陷的风险进一步提升，因此，此处锻造的材料为退火态的无缝钢管，对应的机械性能指标如表 7-3 所示。

⊡表 7-3　退火态无缝钢管性能指标

抗拉强度 R_m	屈服强度 $\sigma_{0.2}$	伸长率 λ	断面收缩 Z	硬度
700～850MPa	550～650MPa	≥20%	≥60%	≤100HB

通过查阅 Simufact 原材料库，选择了如图 7-8 所示的常温状态下 42CrMo4_cs2，其中 c 代表冷态，s 代表退火态。

材料	最低温度 [°C]	最高温度 [°C]	德国标准	日本标准	美国标准（AISI）
42Cr4_h	900	1250	1.7045		
42CrMo4(mod)_h1	800	1250	1.7225	SCM4...	4140
42CrMo4_cs1	19.85	599.85	1.7225	SCM4...	4140
42CrMo4_cs2	20	600	1.7225	SCM4...	4140

图 7-8　原材料库

该材料状态的性能参数如图 7-9 所示，较适合锻造。

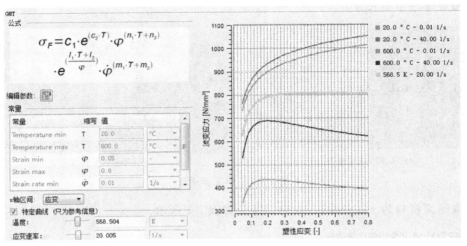

图 7-9 原材料性能指标

第二节 工艺参数对成形质量的影响

材料的塑性变形对最终产品的各项性能指标有着重要影响,为分析径向锻造工艺参数对产品变形的影响情况,选取如图 7-10 所示截面处不同位置的点,分析不同坯料转速、锤头入模角以及锤头下压量对空心电机轴等效塑性应变分布情况的影响,能够很好地反映各个工艺参数对空心电机性能的影响。

1. 旋转速度

初步选取工件转速 $C_1 = 35r/min$、$C_2 = 40r/min$、$C_3 = 45r/min$、$C_4 = 50r/min$、$C_5 = 55r/min$、$C_6 = 60r/min$ 进行模拟研究,分析工件转速对成形质量的影响,并确定较合理的相对转角值。

如图 7-11 所示为空心电机轴径向锻造过程中不同工件转速下等效塑性应变在距离空心电机轴表面不同距离的变化。通过图 7-11 可以看出,随着距离空心电机轴表面长度的增加,不同工件转速下

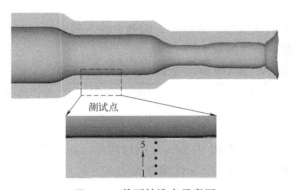

图 7-10 截面处选点示意图

的等效塑性应变均呈现减小的趋势,说明了工件转速的变化对等效塑性应变的宏观分布没有影响,空心电机轴与锤头接触的表面区域变形量大,空心电机轴内壁区域变形量小。工件转速由 35r/min 增加到 45r/min 的过程中,空心电机轴表面的等效塑性应变逐渐减小,工件转速由 50r/min 增加到 60r/min 的过程中,空心电机轴表面的等效塑性应变没有明显的变化。说明随着工件转速的增加,出现金属区域漏锻或少锻的情况,最终导致空心电机

轴的变形量减小。

2. 锤头入模角

在径向锻造过程中，锤头的形状对于工件的变形机制有着重要影响。如图7-12（a）所示，锤头在高频锻打工件的过程中，主要可以分为预成形区和精锻区两个变形区域。其中在轴向方向上精锻区是平直的，由于工件在进给过程中会高速旋转，所以经过预成形区变形的材料会呈现一定的螺旋不规整旋转，轴向方向上平直的精锻区能够将这些不规则的螺旋状的凸起锻打成平滑的圆柱面，精锻区锻打过程中材料的应力应变如图7-12（b）所示。

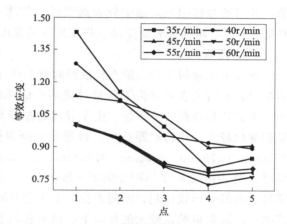

图 7-11 不同工件转速下等效塑性应变在距离空心电机轴表面不同距离的变化

在锤头的预成形区域锤头有一个倾斜角，即锤头入模角，锤头入模角的大小对工件材料的变形方向有着主要影响。

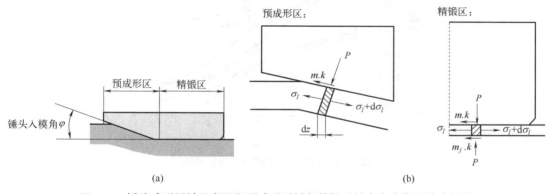

(a)   (b)

图 7-12 锤头成形区域示意图和预成形区域与精锻区域应力应变理论分析图

图7-13显示了其他工艺参数均相同但不同锤头入模角对锻件等效应变的影响情况。从具体的1~5的某个点来看，其等效应变随着锤头入模角的增大而增大；宏观上来看，当锤头入模角为5°及6°时，点1~5对应的等效应变值依次增大，即锻后零件内表面的等效应变值大于外表面，而当锤头入模角增大至7°及以上时，点1~5对应的等效应变值依次减小，即锻后零件外表面对应的等效应变值大于内表面。根据相关研究，出现这个现象的原因是当锤头入模角较小时，零件内表面主要受摩擦作用发生变

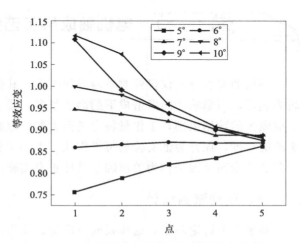

图 7-13 不同锤头入模角下等效塑性应变在距离空心电机轴表面不同距离的变化

形，并且这种作用效果强于外表面受锤头作用发生的变形效果；而当锤头入模角增大至7°及以上时，零件外表面受锤头作用发生的变形效果强于内表面受摩擦作用发生的变形。

3. 下压量

锤头下压量指在径向锻造预成形时锤头锤一次，锤头压入坯料的深度，即坯料径向的缩减量。有研究表明锤头下压量对成形后的晶粒度有显著影响，为了后序热处理工序考虑，需要选择合理的下压量。由于径向锻造成形第一工序是 $\phi69mm$ 缩径到 $\phi44mm$，变形程度比较大，坯料壁厚适中，根据前面查阅资料和材料的变形抗力，分别取下压量为 0.5mm、0.75mm、1.0mm、1.25mm、1.5mm、1.75mm 来分析对成形等效应变的影响情况。图 7-14 显示了不同径向下压量下点 1～5 对应的等效应变值。较大的径向下压量对零件表面的变形较有利，但随着径向下压量的增大，零件内表面等效应变却出现了变小的情况，这说明虽然在较大的径向下压量下有利于表面的变形，却对锻透性不利。

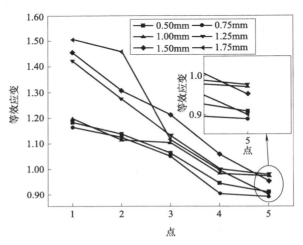

图 7-14 不同下压量对等效应变影响

第三节 电机轴成形工艺参数的优化

一般的实验分析仅仅针对单因子的变化，其他参数固定不变，这种单因子的分析方法较为烦琐，而影响径向锻造成形的因子很多，若对每一个因子都进行匹配性分析，那么会形成庞大的数据组别，工作量将会是巨大的。因此本小节采用正交法设计实验方案，降低实验的难度，提升验证实验的可操作性。本小节将径向下压量、锤头入模角、坯料转速、轴向进给量四个因子作为关键因子设计正交实验，形成四因子三水平的正交实验。

一、正交试验设计

基于上节讨论基础，选择径向下压量、锤头入模角、坯料转速和轴向进给量作为四个主要因素来探寻不同组合对锻后零件最大等效应力、最大等效应变和折叠处数三个指标的影响程度，为了便于分析，折叠处数只记 0，1，2，3，结果中折叠处数大于 3 的都只记为 3，设计的正交试验如表 7-4 所示。由于本次正交试验探寻的是不同工艺参数组合下对三个指标的影响程度，为了找出较优工艺参数组合，引入了指标隶属度和综合质量系数来评判各组实验结果，其计算如下式所示：

$$指标隶属度(\varepsilon_i) = \frac{指标值 - 指标最小值}{指标最大值 - 指标最小值}$$

$$综合质量系数(\alpha) = \sum_{i=1}^{n} \varepsilon_i \qquad (7\text{-}3)$$

式中，ε_i 表示某一指标隶属度，i：1——等效应变；2——损伤系数；3——折叠处数。

对于三个指标而言，等效应变值越大代表金属塑性成形质量越好，而损伤系数和折叠处数越小代表锻后缺陷发生的概率越小，因此在计算等效应变指标隶属度时，9 个指标均取倒数，得到的最终综合质量系数越小，代表该组工艺参数组合越好。

▫表 7-4　正交试验设计

序号	A(径向下压量)	B(锤头入模角)	C(坯料转速)	D(轴向进给量)
1	1.00mm	8°	35r/min	1mm
2	1.25mm	9°	40r/min	2mm
3	1.50mm	10°	45r/min	3mm

二、最优工艺参数模拟

根据正交试验结果及极差分析（表 7-5、图 7-15），锤头入模角是等效应变的主要影响因素，坯料转速、径向下压量的影响次之，轴向进给量对等效应变的影响最小；而对于产品损伤系数，径向下压量的影响最大，径向下压量越大，产品的损伤系数随之也越大，锤头入模角、坯料转速和轴向进给量的影响很小且程度几乎一致；而对于最关心的锻后折叠情况，发现锤头入模角的影响最大，其余三个因素的影响程度几乎一致。根据分析，综合质量系数最小的为第 4 组（表 7-6、图 7-16），值为 0.41，说明在此工艺参数组合下，零件的锻后成形质量最好，即径向下压量为 1.25mm，锤头入模角为 8°，坯料转速为 40r/min，轴向进给量为 3mm。

▫表 7-5　正交试验结果及极差分析

实验号	实验因素				等效应变	损伤系数	折叠处数
	A	B	C	D			
1	1	1	1	1	2.59	0.38	0
2	1	2	2	2	2.41	0.45	3
3	1	3	3	3	2.67	0.40	1
4	2	1	2	3	2.50	0.49	0
5	2	2	3	1	2.80	0.42	2
6	2	3	1	2	3.04	0.59	1
7	3	1	3	2	2.36	0.56	0
8	3	2	1	3	2.88	0.50	3
9	3	3	2	1	2.77	0.60	1

等效应变	K_1	7.67	7.45	8.51	8.16
	K_2	8.34	8.09	7.68	7.81
	K_3	8.01	8.48	7.83	8.05
	R	0.22	0.35	0.28	0.12
损伤系数	K_1	1.23	1.43	1.47	1.40
	K_2	1.50	1.37	1.54	1.60
	K_3	1.66	1.59	1.38	1.39
	R	0.14	0.05	0.05	0.07
折叠处数	K_1	4	0	4	3
	K_2	3	8	4	4
	K_3	4	3	4	4
	R	0.3	2.7	0	0.3

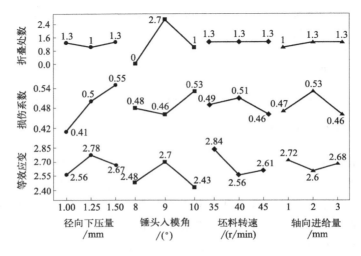

图 7-15 正交试验结果分析

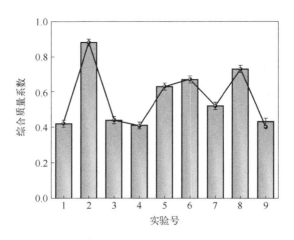

图 7-16 综合质量系数

汽车空心轴径向锻造工艺开发与应用

序号	等效应变 ε_1	损伤系数 ε_2	折叠处数 ε_3	综合质量系数 α
1	1	0.73	0	0.42
2	0.26	1.1	1	0.88
3	0.14	0.82	0.33	0.44
4	0.22	1.23	0	0.41
5	0.09	0.91	0.67	0.63
6	0	1.68	0.33	0.67
7	0.29	1.55	0	0.52
8	0.05	1.27	0.67	0.73
9	0.11	1.72	0.33	0.43

图 7-17、图 7-18 显示了零件在中间道次以及最终道次的模拟结果，零件的变形以及应力情况比较均匀，中间道次的最大等效塑性应变为 1.70，变形后的损伤系数最大为 0.22，这个结果在实际中也是比较小的；零件最终锻后等效塑性应变最大值为 2.67，从表面云图中可以看到变形均匀，并且最大等效塑性应变位置在第二次变径段；最终锻后零件等效应力约为 736MPa，最终的锻后损伤系数为 0.49，是一个比较小的数值，证明了此工艺参数的合理性。

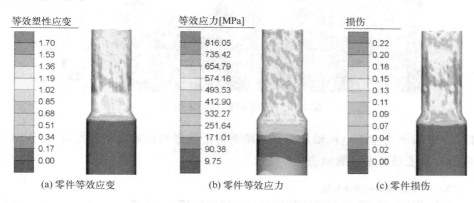

(a) 零件等效应变　　　　(b) 零件等效应力　　　　(c) 零件损伤

图 7-17　中间道次零件模拟结果

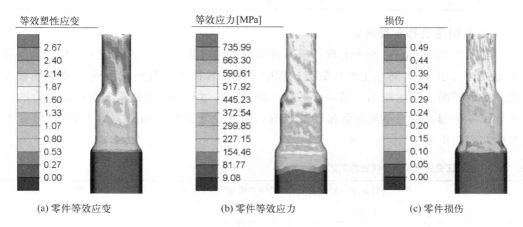

(a) 零件等效应变　　　　(b) 零件等效应力　　　　(c) 零件损伤

图 7-18　最终道次零件模拟结果

第四节 产品试制和评价

一、样件试制

汽车空心电机轴径向锻造工艺理论上可使用 FELSS 径向锻造设备，也可以使用 GFM 精锻设备，两者设备结构不一样，但成形的原理是相通的。通过上述 Simufact 的模拟，锻造力较大且需要反向拉拔式锻造成形，从工艺实现难易程度方面考虑，选择了如图 7-19 所示的 GFM 精锻机。

图 7-19 GFM 精锻机 SKK-10 型

如图 7-19 所示为空心电机轴旋转径向精密锻造成形的试制设备，型号为 GFM 精锻机 SKK-10 型，其主要技术参数如表 7-7 所示。

▫**表 7-7** **GFM SKK-10 精锻机技术参数**

技术参数	公称压力/kN	电机功率/kW	滑块行程/mm	行程次数/(次/min)	喉口深度/mm
性能参数	1250	132	60	1200	100

1. 径向锻造过程参数设置

通过上述 Simufact-froming 软件模拟得出的最佳过程参数，结合产品开发经验，设置了夹头夹持力 30kN，防止工件在锻造过程中发生旋转而导致旋转速度这一关键过程参数失效，出现"漏锻"的缺陷。同时考虑在反向拉拔的过程中，工件受到反向拉拔力的作用可能导致零件因夹持力不足导致松动或脱落，因此设置了反向顶持力为 10kN。精锻的工艺参数如表 7-8 所示。

▫**表 7-8**   **通过正交实验设置了精锻的工艺参数**

锻造工步	工件的转速 C/(r/min)	工件进给速度 F/(mm/s)	锤头下压速度 H/(mm/s)
P1/P3	65	140	70
P2/P4	65	140	0

2. 无缝钢管的检测

根据上述实验模拟所得到的参数，通过 GFM 精锻机径向锻造成形样件，坯料 42CrMo4 无缝钢管，执行标准为 GB/T 3639—2021 冷拔或冷轧精密无缝钢管，为防止原材料缺陷如内外壁凹坑、褶皱、微裂纹等带入产品中，在无缝钢管制造过程中增加了超声波探伤和涡流探伤，结果表明被检测的管材中未发现缺陷，即原材料无缝钢管达到了技术要求，适合开展物理实验。

无缝钢管的制造过程流程大致可以分为：长材圆钢—切断—加热—穿孔—打头—检验—酸洗—冷拔—热处理—校直—涡流探伤—等等。从图 7-20 可知无缝钢管的基体组织是珠光体＋铁素体组织，带状组织 2 级，晶粒度为 8 级。对于冷拔管而言，组织状态控制较好，适合径向锻造工艺。

二、成形质量分析

1. SCOPE 数据收集及分析

通过 SCOPE 软件能直接得到锻造过程中实际的锻造力值的变化，而锻造力的大小间接反映了锻造过程中金属流动的难易程度，也在一定程度上反映了可能出现锻造缺陷的风险大小。因此，在实际生产和产品开发过程中，常常使用峰值的大小和曲线的平稳性来衡量工艺的合理性。

图 7-20　无缝钢管金相图

径向锻造后的零件实物表明，锻后表面外观粗糙度较好，手摸无棱边感，说明选取的工件旋转速度、工件进给速度、锤头进给速度较为匹配，未出现少锻或漏断区域。径向锻造过程中锻造力峰值为 1200kN，说明锤头的改进设计和关键参数的选取较为合理。芯棒在锻后拔出的过程中，拔出力在 8～12kN 之间波动，说明选取的原材料锻比较合适，内孔成形较好。

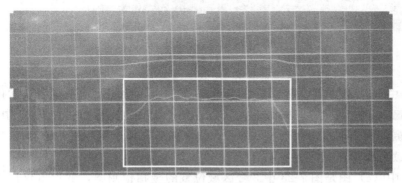

图 7-21　径向锻造力和径向锻造功率曲线图

通过径向锻造过程中锻造数据的收集，得到如图 7-21 所示的锻造力的变化曲线图，图中方框内为径向锻造开始到径向锻造结束这一过程中锻造力与时间的变化曲线图，从图中可以看出，锻造过程中除起末位置外其余区域曲线图变化平稳，这说明各工步所选取的过程参数较为合理，材料能得到较为均匀的流动；锻造力峰值较低，说明工装设计合理，能有效降低锻造难度，有效实现大直径、厚管壁的冷精密锻造。

2. 产品剖视

从实物的内腔解剖图（图7-22）可以看出，内腔尺寸稳定，金属与芯棒的贴合良好，较好地实现了内外多台阶的同时成形。内腔光滑，圆弧规则，说明选取的锻造参数与编制的程序匹配性良好。内腔平整无褶皱或折叠纹，金属流线明显，说明径向锻造工艺设置较为合理，有效地避免了缺陷的发生。

图 7-22　实物剖视图

3. 金相检测

一般来讲旋锻后的空心电机轴的组织会影响产品的机械性能，通过观察组织可以为后续的热处理做理论支撑。图7-23为在空心电机轴样件中不同部位截取的样件，对样件进行显微分析，其中1号区域在径向锻造过程中并未参与加工，因此其金相应该与无缝钢管一致；而2号区域和3号区域在径向锻造过程中的径向锻造前后横截面积比并不一样，通过理论计算，2号区域的理论径向锻造前后的横截面积比为1.28，3号区域的理论径向锻造前后的横截面积比为1.9，通过2号区域和3号区域的金相对比，可以得出不同旋转横截面比下的金相组织的变化，可以指导工艺的设计。

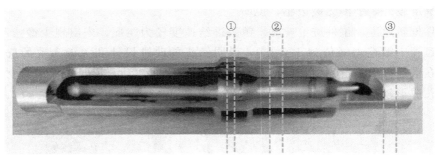

图 7-23　截取不同部位样件

图7-24中（a）图是图7-23中1号区域位置的金相检测图，精锻后铁素体变形严重，珠光体带状已被锻成条状、间隔分布的形态。图7-24中（b）图是图7-23中2号区域位置的金相检测图，变形量仅次于前一部位，视场内珠光体带间距平均值为0.04mm，珠光体带仍呈连续分布形态。

图7-24中（c）图是图7-23中3号区域位置的金相检测图，变形量仅次于前一部位，视场内珠光体带间距平均值为0.03mm，珠光体带仍呈连续分布形态。通过上述锻造后不同部位金相图与原材料金相图的对比，锻造后的金相组织中带状组织级别有明显提升，珠光体带状分布经过了被打散后重新聚集的过程，如果要获得良好的综合性能的话，需要增加一次正火热处理，使碳原子重新扩散，降低或者消除珠光体的带状倾向，来获得均匀的

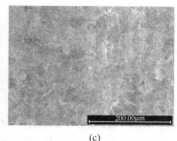

(a)　　　　　　　　　　(b)　　　　　　　　　　(c)

图 7-24　三个部位纵向 100 倍 80mm 视场金相图

珠光体和铁素体，为最终的热处理做准备。通过不同区域位置金相对比图，可知锻造比越大，形成的带状组织级别越高，纵向金属流动的阻力就越大，成形难度越大，零件的横纵向的力学性能差异会越来越大。

[1] 闫洪. 锻造工艺与模具设计 [M]. 北京：机械工业出版社，2012.

[2] 中国机械工程学会塑性工程学会. 锻压手册 [M]. 北京：机械工业出版社，2008.

[3] 桃泽坤. 锻造工艺学与模具设计 [M]. 2 版. 西安：西北工业大学出版社，2007.

[4] 李玉新. 锻造过程与模具设计 [M]. 北京：北京大学出版社，2019.

[5] 伍太宾，彭树杰. 锻造成型工艺与模具 [M]. 北京：北京大学出版社，2017.

[6] 刘静安，张宏伟，谢水生. 铝合金锻造技术 [M]. 北京：冶金工业出版社，2012.

[7] 洪慎章. 实用热锻模设计与制造 [M]. 北京：机械工业出版社，2011.

[8] 中国锻压协会. 特种锻造 [M]. 北京：国防工业出版社，2011.

[9] 程巨强，刘志学. 金属锻造加工基础 [M]. 北京：化学工业出版社，2012.

[10] 王敏杰. 中国模具工程大典 [M]. 北京：电子工业出版社，2007.

[11] 中国锻压协会. 特种合金及其锻造 [M]. 北京：国防工业出版社，2009.

[12] 李英龙. 有色金属锻造技术 [M]. 北京：化学工业出版社，2008.

[13] 中国锻压协会. 锻造工艺模拟 [M]. 北京：国防工业出版社，2009.

[14] 郝滨海. 锻造模具简明设计手册 [M]. 北京：化学工业出版社，2006.

[15] 姚照云. 芯轴模锻工艺及模具设计数值模拟与应用研究 [D]. 重庆：重庆理工大学，2017.

[16] 罗天星. 汽车空心齿轮轴毛坯精密成形及工艺优化 [D]. 重庆：重庆理工大学，2017.

[17] 张杰江. 小型汽油发动机用高强度铝合金连杆体多向精密模锻技术的开发研究 [D]. 重庆：重庆理工大学，2009.

[18] 田平. 基于数值模拟的大型大变截面连杆锻件辊锻制坯工艺研究 [D]. 重庆：重庆理工大学，2010.

[19] 周昆凤. 基于 Forge 的汽车空心转向轴径向锻造成形数值模拟及工艺参数优化 [D]. 重庆：重庆理工大学，2019.

[20] 李坤，赵升吨，张超，等. 复杂曲面齿形径向锻造近净成形工艺的探讨 [J]. 重庆：重型机械，2021 (05)：19-23.

[21] 杨华，高俊峰，何琪功，等. 径向锻造机的几种典型主机结构分析 [J]. 锻压技术，2021，46 (06)：16-32.

[22] 牛勇，权晓惠，张营杰. 径向锻造油压机电液伺服控制系统建模与仿真 [J]. 锻压技术，2020，45 (02)：144-152.

[23] 张炯，华成强. 基于 Simufact Forming 的细长轴连续径向锻造数值仿真 [J]. 热加工工艺，2019，48 (23)：126-129.

[24] 杨震，王炳正，宋道春，等. 径向锻造设备与工艺综述 [J]. 锻压装备与制造技术，2018，53 (06)：27-30.

[25] 余琼，董湘怀，吴云剑. 径向压下率与送进率对径向锻造工件质量的影响 [J]. 锻压技术，2015，40 (08)：64-70.

[26] 周昆凤，周志明，涂坚，等. 汽车空心 EPS 转向轴径向锻造工艺及显微组织研究 [J]. 重庆理工大学学报（自然科学），2022，36 (02)：89-92.

[27] 周昆凤，周志明，涂坚，等. 基于 Forge 的汽车空心 EPS 转向轴径向锻造成形数值模拟及工艺优化 [J]. 热加工工艺，2020，49 (19)：83-86.

[28] 周志明，李林峰，刘兵，等. 汽车全空心半轴精密径向锻造工艺的数值模拟 [J]. 热加工工艺，2017，46 (23)：111-114.

[29] 周志明，陈波，黄伟九，等. 精密径向锻造技术的研究进展 [J]. 热加工工艺，2017，46 (19)：5-8.

[30] 周志明，唐丽文，张宝亮，等. 6700 转向节多向精密模锻工艺数值模拟及模具设计 [J]. 热加工工艺，2014，

43（01）：128-131.

[31] 袁海伦，史宇麟，王康. 万吨级锻造液压机工艺体系的建立 [J]. 锻造与冲压，2021（01）：77-80.

[32] 田世伟，江海涛，张业飞，等. 锻造技术在轻金属中的应用 [J]. 精密成形工程，2020, 12（06）：9-15.

[33] 朱鲲捷. 混合动力电机定子水套锻造成形技术研究 [D]. 镇江：江苏科技大学，2020.

[34] 王孝文，胡亚民，韩庆东，等. 分模模锻 [M]. 武汉：武汉理工大学出版社，2018.

[35] 叶丽燕. 大型核电转子用 25Cr2Ni4MoV 钢锻造及热处理过程组织演化研究 [D]. 北京：机械科学研究总院，2020.

[36] 刘兵. 基于 Forge 的全空心汽车半轴旋锻成形数值模拟及工艺参数优化 [D]. 重庆：重庆理工大学，2016.

[37] 方飞松. 电动汽车电机空心轴旋锻工艺参数优化及产品开发 [D]. 重庆：重庆理工大学，2019.

[38] 范红山. 25CrMo4 精锻空心半轴的热处理工艺研究 [D]. 重庆：重庆理工大学，2014.